続・太陽の神人 黒住宗忠（くろずみむねただ）

神のご開運を祈る

開運カウンセラー協会代表・神道教師
山田雅晴

たま出版

はじめに

黒住宗忠は幕末の日本が生んだ不世出の神人と呼ばれています。宗忠は江戸時代後期の安永九年（一七八〇年）、「子の年・子の月・子の日」の日の出の時刻に備前国（岡山県）で生まれました。「子」は十二支の「子・丑・寅・卯」の最初です。彼の誕生日の一一月二六日（陰暦）は、冬至の日でもありました。

冬至は昼が一番短くて、夜が一番長い日です。いわば、陰の気が極に達して、陽の気に転じる節目の日であり、冬至から太陽の出る時間がだんだん長くなります。それで、昔から「一陽来復」のとてもおめでたい日とされました。つまり、彼の生まれた日は「新たに物事がスタートする。魁となす」という暗示があるわけです。

そして、文化一一年一一月一一日、冬至の早朝、宗忠は太陽神・天照太神と合体するという大神秘体験をします。それを「天命直授」といいます。文化一一年（一八一四）の冬至の日は、まさしく彼の三五歳の誕生日でした（当時は旧暦ですので、現代とは日時が同じではありません）。その二年前、宗忠は両親の急死による心痛のあまり、労咳（肺結核）という当時は「死の病」とされた病にかかります。ところが、死の直前から「三次の日拝（にっぱい）」によって、奇跡のヨミガエリを果たしました。

そこから、宗忠の活躍が始まります。宗忠は自分の経験から、「痛ましさ見るに忍びず」「私を慕ってくる者を決して見殺しにしない」という深い慈愛の心で、多くの人たちの難病を驚異的な神通力（じんつうりき）によって癒します。

前著『太陽の神人　黒住宗忠』（たま出版）では宗忠の伝記をメインにして、さまざまな奇跡のエピソードを交え、彼の人物像を顕彰（けんしょう）しました。**本書では、神人・宗忠出現の意義を歴史的・霊的に明らかにし、混迷する二一世紀の日本に生きる私たちが、宗忠から学ぶべき人生の指針と「開運する生き方」を示します。**

また、宗忠は神さまと上手なお付き合い方をした人物であり、神さまからとても好かれた人物だといえます。宗忠の奇跡に満ちた人生を通して、「宗忠の慈愛の心」と「神仏との上手なお付き合い方」を述べていきます。さらに、宗忠の教えを参考にした、著者の各種開運法・ピンチ克服法、心理学的開運思考などを随所に入れていますので、「開運の指南書」「自己信頼と癒しの書」としてもご活用いただけるものと思います。

ここで、各章の内容を簡単に説明しておきましょう。

第1章では、宗忠が不世出の神人と呼ばれるのにふさわしい人物である理由について、具体的な神通力の奇跡を交えて述べています。さらに、昇天後に宗忠大明神（だいみょうじん）になってからの興味深いエピソードも紹介しています。

第2章では、宗忠が死の危機を脱して、神人へ到ったプロセスについて語ります。彼は四柱推命（しちゅうすいめい）の空亡（くうぼう）（天中殺（てんちゅうさつ））の時期に、労咳にかかります。宗忠は文化九年（申（さる））・一〇年（酉（とり））の二年の空亡期間の後、一一年に天命直授という大バージョンアップが起きます。宗忠は「何事にも活かし上手になれ」と説きましたが、彼自身が空亡と病気を最大活用した人物でした。

東洋医学、東洋運命学とユング心理学などの観点から、宗忠の大難（だいなん）の時期を考察しています。読者の皆さんが困難に直面した時に、ピンチを脱出し、「禍（わざわい）転じて福となす」ためのヒントになると思います。

第3章では、宗忠の生命哲学のダイジェストである「道の理（ことわり）」をわかりやすく解説します。人生の達人である宗忠は「人生は味わうもの」であり、「迷いはわが宝である」と言っています。宗忠は「心の神を大切にする」ことを説き、自己信頼によって「今も神代（かみよ）になる」という大肯定の人生哲学を明るく語ります。

宗忠の哲学は心理学の「自己信頼」と同一軌軸です。自己を信頼することは、幸せになるための精神的原動力であり、困難やトラブルを克服するために必要不可欠な思考です。著者が開発した「自己信頼開運法」という視点で、彼の思想の真髄と自己信頼の育て方をわかりやすく解説します。

第4章は、宗忠が幕末に吉備国（岡山県）に誕生した歴史的・霊的背景について述べています。備前国一の宮・吉備津彦神社は夏至の太陽を拝む形態になっており、吉備の中山（神道山）の奥宮磐境は日本神界のトップクラスの神々の聖地でした。聖地ファンにとっては必見です。

また、黒住宗忠は「元伊勢の地（伊勢神宮の元地）」で生まれていました。鎌倉仏教の魁となった法然上人も岡山で生まれ、神道ムーブメントの魁・黒住宗忠と対応しています。そして、人類の霊性ムーブメント（運動）における彼の役割を明らかにしています。

第5章では、二一世紀における宗忠の生命思想の意義を具体的に述べています。「天照大神の三大神勅」とは、天照大神が授けた神人和楽になるための三つの方法であり、それは人類の繁栄の要諦でもあります。神人和楽の体現者である宗忠の次の教えに対応しています。天壌無窮の神勅は「生き通し」であり、宝鏡奉斎の神勅は「ご分心と鏡の教え」であり、斎庭（ゆにわ）の稲穂（いなほ）の神勅は「日々家内心得（こころえ）の事・七か条」です。

付章では、黒住宗忠とイエス・キリストとの著しい類似性を通して、「慈愛の聖者・黒住宗忠とイエス・キリストは同じ系統のミタマか？」という大胆な仮説を提起しています。「子の年、子の月、子の日」に生まれ、文化一一年一一月一一日の冬至の誕生日に悟りを開くというのは、天意を感じざるを得ません。

イエスは三〇歳で布教にたち、数々の奇跡を起こして、三三歳で十字架にかかって昇天しました。宗忠は三三歳の時に死の病にかかり、日拝によって九死に一生を得ます。そして、三五歳の誕生日に天命直授となり、イエスに酷似（こくじ）した奇跡を起こしながら、「人間の生き方」を説きました。読者の皆さんには一つの興味深い仮説として読んでいただければよいでしょう。

宗忠の生き方から、読者の皆さんが自らの「心の岩戸（いわと）」の開き方を学び、神人和楽（しんじんわらく）の明るい人生にしていくきっかけにしていただければ、著者の無上の喜（よろこ）びとするところです。

著者しるす

続・太陽の神人　黒住宗忠——目次

第1章　宗忠はなぜ不世出の神人と呼ばれているのか

第2章 宗忠はいかに危機を脱して、神人へ到ったか

第3章　人生の達人・宗忠が示す「道の理」で、明るい人生を味わう

第4章　神人・宗忠が吉備国に出現した歴史的・霊的背景

第5章　「心の岩戸」を開き、神人和楽を目指そう

写真提供　黒住教本部・黒住信彰学院長／野田亜佑／織田雅裕
本文イラスト　渡邉ユリカ

第１章

宗忠はなぜ不世出の神人と呼ばれているのか

黒住宗忠の産土神社のご祭神に彼の天命が暗示されている

黒住宗忠は安永九年（一七八〇年）の冬至の日に、備前国（岡山県）御野郡中野村で生まれました。黒住家は代々神職を務め、神道の家元である京都の吉田家から神職免状をいただいています。母親であるつたは、近くの白髭宮の神職を務める長瀬家の出身です。

両親はわが子が「子の年・子の月・子の日」という大吉祥の日に生まれたことに驚き、とても喜びました。そして、両親は宗忠を深い愛情をもって、大切に育てました。信仰心厚い両親から大きな愛情を受けて育った子どもは、人間への信頼感をもち、親孝行になりやすいのです。宗忠の場合は親孝行から、さらに「神孝行」へと発展し、「神のご開運を祈る」という素地ができました。

また、親が天照大御神を祭る神社に奉職していたことも、その後の宗忠の天命（天との約束、人生の目的）の方向性を決めるバックボーンになっています。生まれた時の環境・条件である宿命は、本人の天命を歩むのに、〈最適な環境・条件〉でもあるのです。

黒住宗忠は神職として、彼自身の産土神社でもある今村宮に奉職していました。岡山市今（いま）に鎮座する今村宮のご本殿（ほんでん）は現在、岡山県指定重要文化財になっており、ご本殿内部には美しく、格調高い絵が描かれています。

産土神社とは自分の生まれた場所の近くに鎮座する神社で、産土の大神さまは本人の誕生から人生の開運、死後の世界までを守護する偉大な神です。そして、宗忠のように人間が天命を歩む際、大いなる後押しと導きをくださいます。

今村宮の主祭神は天照大御神（アマテラスオオミカミ）・春日大神（カスガオオカミ）・八幡大神（ハチマンオオカミ）であり、相殿に素盞嗚大神（スサノオノオオカミ）が祭られています。天照大御神は「天（あま）の岩戸神話」で有名ですが、これは次のような物語です。

スサノオノ尊（ミコト）が乱暴を働き、その惨状を目にした天照大御神は、天の岩屋戸（いわやど）に隠れてしまいます。すると、この世は闇となってあらゆる災いが起こります。

そこで、天の岩戸の前では八百万（やおよろづ）の神々が集まり、天照大御神が再び出現するよう、祭りをすることになりました。アメノコヤネノ大神が岩戸の前で、古神道最大の秘言（ひごん）とされる「天津祝詞（あまつのりと）の太諄辞事（ふとのりとごと）」を称（とな）えます。神々の協力によって、天照大御神が岩屋戸から出て、世の中がもとの明るさを取り戻します。アメノコヤネノ大神は宗忠の産土神社である今村宮の春日（カスガ）大神のお一方です。

今村宮の境内に鎮座する七宮神社には、「天の岩戸神話」に登場する神々も祭られています。宗忠は新しい時代の人類の「日の出」が訪れることを告げた人物ですが、まさに産土神社のご祭神が彼の天命を暗示しています。八幡大神は日本の危機の時に、神託を与える神とされます。京都に鎮座した宗忠神社は、皇室に神託を与え、幕末日本を陰で支えました。

スサノオノ尊は天の岩戸の後に改心し、出雲に降ってヤマタノオロチを退治したり、全国に植林を行いました。つまり、「エコロジーの祖神」というべき神です。出雲において最初に和歌を詠ったことから、「和歌の祖神」としても信仰されています。

また、三重県の伊勢神宮は天照大御神を祭る神社の総本宮です。同じ岡山市番町には伊勢神社が鎮座しています。この伊勢神社は吉備の名方浜宮と呼ばれる「元伊勢」です。「元伊勢」とは、伊勢神宮の元地になります。

約二〇〇〇年前に岡山の地が「元伊勢」に選ばれたのは、吉備の中山という太陽信仰の古代巨石祭祀跡がある聖地があったからです。この吉備の中山（神道山）に現在、黒住教本部があります。宗忠出現の歴史的・霊的背景については、第4章で詳しく述べます。

今村宮（岡山市今）

今村宮本殿（岡山県指定重要文化財）

宗忠が「神人」と讃えられる六つの理由

さて、宗忠が神人と讃えられる理由について、私は次のように考えています。

①神話神ではなく、天体神と合体しました。

通常の「神がかり」とは、神話に出てくる神や神霊が懸かって使命を与えるケースが多いのですが、宗忠は「天体神」である太陽神と合体しています。天体神と合体したのは歴史上、黒住宗忠と弘法大師・空海など少数です。空海は四国の室戸岬で修行中、明けの明星（金星）が体内に入るという神秘体験をしています。

宗忠の場合は、人間の至誠（大いなる志）が神の心を動かすことによって起きた大神秘体験です。これは人間の能動性・主体性が神仏を感動させて動かしたわけで、「神がかり」ならぬ「人がかり」になります。

②神仏の実在の体現者として、驚異的な神通力をもっていました。

歴史上で、病気を治した人物は多いですが、宗忠の「死者ヨミガエリの奇跡」「酒の物理的変化」「暴風雨を鎮めた奇跡」「重力の超克の奇跡」など多くのエピソードは、『新約聖書』に登場するイエス・キリストの奇跡に酷似しています。

奇跡が日常茶飯事であり、死者さえもよみがえらせることができたのは、宗忠とイエス・キリストだけです（付章参照）。

③人間や生きとし生けるものへの深い慈愛と、太陽のような心で人々の心を温めました。

宗忠は「痛ましさ見るに忍びず」「私を慕ってくる者を決して見殺しにしない」という人間に対する深い慈愛の心で、多くの人たちの病を癒し、太陽のような心で人々の冷えた心を温めました。また、子どもから「ニコニコ先生」という愛称で呼ばれたように、いつも笑顔で明るく、人間の美徳である感謝、謙虚さ、勤勉さを備えていました。

④その哲学に独創性（オリジナリティー）と普遍性があります。

「神の御開運を祈る」という革命的な祈りを提唱しました。この祈りが本書の主テーマの一つです。宗忠は、神さまと最も上手なお付き合い方をした人物であり、神さまから最も好かれた人物の一人です。彼の生命哲学は、「人類の未来を照らす光明思想であること」「その思想を説く本人が、最大の実践者であること」「思想に一貫性があり、シンプルなこと」「生命を尊重し、大自然との共生を旨としていること」「対立ではなく、調和に導くもの」という要素がすべてあります。

⑤誕生日や神秘体験の日が吉祥日です。

誕生日や神秘体験の日は、自分ではコントロールできません。宗忠は「子(ね)の年・子の月・子の日」の冬至の日に生まれ、文化一一年一一月一一日、冬至の日（同時に彼の誕生日）に、太陽神と合体するという大神秘体験（天命直授）をしています。

これほどの符合は、人類を助けるために降臨してきた人物（アヴァター）だからこそといえましょう。降臨者としての釈尊やイエス・キリストは世界的に知られていますが、日本の降臨者である宗忠は世界では無名です。本書では、〈日本人の降臨者としての宗忠〉を顕彰（隠れた功績を広く世に知らせること）したいと思っています。

⑥「宗忠大明神」という最高の神号をいただき、宗忠神社が「勅願所(ちょくがんじょ)」になりました。

宗忠は昇天後、神道家元である京都の吉田家から、「宗忠大明神」という最高の神号をいただきました。さらに、宗忠神社はその霊験(れいげん)あらたかなことから、皇室・公家に絶大な信頼を得て、孝明(こうめい)天皇（明治天皇の父君）が定めた皇室の勅願所になりました。このような一民間神道家を主祭神とする神社が、「天皇の特別祈願を行う勅願所」になるのは異例中の異例のことでした。

手当て・息吹（いぶき）・言霊（ことたま）による驚異的な癒し

さて、宗忠が世に出たのは最初、「病気をよく治す中野村の神主」という評判でした。彼は「マジナイ」ということでさまざまなヒーリング（癒し）を行いました。

ヒーリングの形態としては、直接に手を置いたり（手当て）、陽気を吹きかけて癒す（息吹）パターンが多く、ハンセン病をはじめ、あらゆる難病を快癒（かいゆ）させていきます。それが噂となって広まり、近所の病人たちが、宗忠におかげをいただきに来ました。それは、イエス・キリストがまず病気治しによって評判になったのと同じ現象です。宗忠が「奇妙なることは会ごとにござ候（そうろう）」と書いているように、奇跡は日常茶飯事でした。

『新約聖書』（日本聖書協会、日本聖書刊行会。句読点などは読みやすいように、著者が多少変更しています。以下同じ）の「ヨハネによる福音書」の冒頭に、言霊に関する記述があります。

「初めに言（ことば）があった。言は神と共にあった。言は神であった。この言は初めに神と共にあった。すべてのものは、これによってできた。できたもののうち、一つとしてこれによらないものはなかった。この言に命があった。そして、この命は人の光であった」

古神道では言葉のもつ霊的パワーを言霊（ことたま）といいます。宗忠の言葉を聞いて心を動かされ、多年の病を癒されたという例も多いのです。備中国高田村の千原藤左衛門（ちはらとうざえもん）は、三年越しの肺病でした。

「人は日月（にちげつ）の分心（ぶんしん）にして神人一体なれば、疾病（しっぺい）は必ず治るべきものなり。全体天道は生々（せいせい）にして、死ということ更になし」

という宗忠の講話を聞いているうちに、いつの間にか肺病が治ってしまいました。

「人の生きものは心ばかりにして、肉体は心が活かしておるゆえ、心を清水のごとく澄ます時は病はなし。病は濁す処（ところ）より諸々の病を生ずるゆえ、心を澄ましたる時は直ちに病は消え失せるなり」

この宗忠の言葉を聞いて、長い病から快方に向かった門弟がありました。

肉体は心が生かしているのだから、心の曇りによって病という状態が生じ、それに反して心が「生きもの」たるに値する状態に保たれていれば、すべての病は消えて、健康に暮らせること必定（ひつじょう）だというのが、宗忠の信念でした。霊的な治療を行い、または説教によって人の心を動かした時の宗忠は、神人という存在であり、ほとんど「天地日月（てんちひつき）の力そのものの体現者」でした。

同時に、宗忠にとっては「病の治るをいろはとして、次第に誠の道に入らしむる」ということでした。病気が治ること自体よりも、病気を治してもらったことを入口として人々が喜び楽しみの道に入ることが、宗忠の願いだったのです。

宗忠の「幸魂」による遠隔ヒーリングの神通力

ここで、宗忠の神人ともいうべき驚嘆すべき「おかげ話（奇跡のエピソード）」を紹介しましょう。

備前藩士の石田鶴右衛門（維忠）は、三〇〇石取りのりっぱな武士でした。そして、なかなか信心の厚い人でした。維忠が江戸詰めの時、瘰癧という重い病にかかり、在府の任期期間ではありましたが、殿様の帰国のお供という名目で、特別に国へ帰ることを許されます（瘰癧とは首のリンパ節がはれてグリグリができる病気で、多くは結核性です）。

ところが、播州の大蔵谷（明石市）まで帰ると、いよいよ重体となりました。そこで、お供を免ぜられ、仕方なく旅館で養生することになりました。極度に悪くなって、首一面にかたまりができ、のどの中ほどに指一本くらいわずかに柔らかいところがあるという有りさまでした。汁気（しるけ）ものどを通らず、医師がついに死の宣言をしました。

「絶望です。手の施しようがありません」

それを聞いた維忠は、

「武士たる者が主君の御用も勤めえず、このように途中で死んでしまうのは残念である」

と悔やみながらも、武士の誇りを保って取り乱さず、かねてより信仰が厚かったので、

「ここぞ鎮魂（ちんこん）の場合なり」と、じっと心を下腹にしずめていました。

「これが岡山であったなら、あの黒住先生のおまじないを受けて、きっと全快するであろうに。それだけがいかにも残念だ」

そう思いつつも、一人心中に祈念（きねん）をこらしていました。

しかし、だんだんと病勢はつのり、もはや危篤（きとく）という状態になります。看護していた家来たちは、ただオロオロするばかりでした。ちょうどその時、重体の病人がふと立ち上がって、スッと玄関まで行きました。だれもいないのに丁重に頭を下げてあいさつし、やがて病室に帰ると、元気な声でくり返し言いました。

「ああ、ありがたし、ありがたし、ありがたし」

家来たちは、断末魔の苦しさに発狂されたのではないかと心配し、おそるおそる理由を尋ねました。

「一体、どうされたのですか」

「先刻、黒住の大先生がおいでくだされて、『ご難儀でしょう、おまじないをしてあげましょう』と言われて、口の中へ指をさしこんで、『瘰癧の根だ』とおっしゃって、ほおずきの実のようなものを手に一パイお取りくださった。そして、また二ハイ目をお取りになったと思うと、不思議に息もらくになり、ずっと気分が落ち着いて快くなったので、今、大先生のお帰りを玄関までお見送り申し上げたのだ」

維忠はそう言って、涙をこぼして感謝しました。家来たちはその話にまったく合点がいかなかったのですが、主人が今までと打って変わって元気になったのは間違いないので、皆、顔を合わせながらも喜んだのでした。こうして、重体の病人が即座に全快したのです。

その翌朝、維忠は早速出立して帰国の途につきます。岡山へ帰ると、自宅に寄らず、直ちに宗忠のいるところへ行きました。そして、宗忠へ一部始終を詳しく話して、厚くお礼を述べました。

これを聞いた宗忠はたいへん喜んで、次のように話しました。

「それはありがたいことです。もちろん、私の体はここにおりまして、明石の町の方へ飛んでまいりはいたしませんが、お家の方から石田氏のご病気のご祈念のお頼みがありましたので、さっそく『どうぞ、早く治るように』と懸命にご祈念いたしました。それで、私の幸魂（さきみたま）があなたのところへ行って、それだけの霊験となったのでしょう。いや、それにしてもありがたいことです。あなたの平素からのご信心の徳、わけても、その場に至っても心を動かさず、ぜひおかげを受けよう、受けられると信じておられた強い誠の徳です。おめでたいことです。ありがたいことです」

幸魂とは古神道の「一霊四魂（いちれいしこん）」の一つで、内なる神性のことです。一霊四魂とは直霊（なおひ）、荒魂（あらみたま）、和魂（にぎみたま）、幸魂（さきみたま）、奇魂（くしみたま）になります。つまり、宗忠の「内なる神性」が空間を超えて、維忠の肉体に作用したということです。宗忠は内なる神性を「ご分心（ぶんしん）」と呼びました。

神徳ヒーリングの転写によって、悪人を善心に立ちかえらせる

宗忠は自分がヒーリングするだけでなく、他者にもその神通力を転写できました。備前国邑久郡（おくぐん）の山田に、木綿商売をしていた亀蔵という人物がいました。生来のひねくれた性

分で、よからぬことをたくらむ癖があり、村中から嫌われ、また、恐れられていました。その村の名主の常太郎は温厚篤実な人格者で、早くから宗忠を慕って、道の話を聞いていました。それだけに、何とかしてその亀蔵さんに善き人になってもらいたいと、平素から心がけていたのです。

たまたま、宗忠を招いて席を催す時など、どうにかして亀蔵にこの道の話を聞かせたいと、いろいろ勧めますが、亀蔵は信仰とか説教が大嫌いなので、とんと寄りつきません。さすがに常太郎も打つ手なしと嘆いていました。

ある時、思わぬ機会が到来します。常太郎の娘が突然、激しい腹痛を起こして、手をつくしても一向に効き目なく、三日にわたって苦しみます。そこで、「黒住の大先生におまじないをいただくことのほかになし」と思い、だれか使いをやるということになりました。その時、ふと「亀蔵」のことが頭に浮かんだのです。

常太郎はさっそく亀蔵に頼み込んで、宗忠のもとへ使いに出しました。おまじない（神霊ヒーリング）の依頼の手紙の中に、亀蔵の人となりを記し、「何か適切なご教訓を」とお願いしました。

さて、宗忠はご祈念の後に、丁重に亀蔵をそばに招きました。

「どうも、ご遠方ご苦労さまでした。よく、ご祈念をいたしておきました。つきましては、あなたにお願いですが、お帰りになられたら、その病人に一つおまじないをしてあげてください。さすれば、きっとおかげになります。どうか、一つお願いします」

亀蔵はかねて聞く大先生、生き神さまともいわれる宗忠のあまりにも丁重で謙虚な有りように敬服し、恐れ入っていました。そして、宗忠のおまじないの依頼にすっかり面食らってしまい、亀蔵は赤面しつつ断ります。

「いや、先生様、私は信仰もない者でして、お恥ずかしい次第ですが、ろくろく神さまを拝んだこともないのです。おまじないなどと、そんなことは到底できません」

これを聞いた宗忠はニコニコしながら、いっそう言葉もていねいに言いました。

「いえいえ、そんなご遠慮は及びません。私の代理ですから。それではこうしましょう。手をお出しなさい。あなたの手によくおまじないをしておきますから、その手で病人をなでてやってください」

そして、宗忠は亀蔵の右手に強く〈ご陽気〉を吹きました。古神道に〈息吹(いぶき)〉という神術がありますが、宗忠は天命直授以後、ご陽気を息吹とともに吹き、それでおまじないをしていました。亀蔵は何か今までに感じたことのない、一種特別な敬虔(けいけん)の感をもって、宗ました。

忠の家を辞しました。名主の家に帰って、事の次第を伝えたところ、常太郎は大いに喜びました。

「サア、サア、どうぞこちらへ」

亀蔵を上席に招じ、羽織はかまを着けさせました。

「では、どうか〔おまじない〕をやってください」

これまた丁重なる取り扱いぶりでした。亀蔵が仕方なしに、一心をこめておまじないをすると、それまで絶えず苦しんでいた娘の腹痛が、それっきりピタリと止まりました。

本人も家族も喜び驚いたのですが、だれよりも激しく驚いたのは亀蔵自身でした。実在する神の力と霊験のすばらしさ、確かさ、そして宗忠の大徳、人の誠の尊さを深く感じたのです。そして、今までの自分の非行を悔いる念が自然と湧き出てきました。

そこから、彼は大きく変わりました。悪にも強ければ善にも強いという、それからの亀蔵の熱心ぶりは驚くばかりでした。そして、彼のおまじないは特に「おかげ」がよく現れました。これは宗忠が他者にもその神通力を転写できるというエピソードであり、通常の霊能者と次元が違うことがわかります。また、その転写によって相手の良心を呼び起こしたというのが、宗忠の偉大さだと思います。

慈愛の聖者・宗忠のハンセン病の奇跡とエピソード

前述のように、「痛ましさ見るに忍びず」「いやしくもこの私を慕ってくる者を、決して見殺しにはしない」という、宗忠の深い慈愛の心が多くの奇跡を起こしました。これはイエス・キリストの無償の愛に通じるものを感じます。『新約聖書』のイエス・キリストのらい病治療の話は有名です。「マルコによる福音書」第一章には次のように出ています。

「ひとりのらい病人が、イエスのところに願いにきて、ひざまずいて言った。『みこころでしたら、きよめていただけるのですが』イエスは深くあわれみ、手を伸ばして彼にさわり、『そうしてあげよう、きよくなれ』と言われた。すると、らい病が直ちに去って、その人はきよくなった」

○黒住宗忠の場合

ある時、らい病で体が腐ってはなはだしい悪臭を発する病人が宗忠の家を訪れました。

らい病は現在「ハンセン病」と改称され、不治の病ではなくなりましたが、昔はひどい業病と忌み嫌われていました（当時の心理的状況を考慮して、らい病という表現のままにしています）。

宗忠はていねいに面接して、神前で祓詞を祈り、病人の体をさすって、何度も息（ご陽気）を吹きかけては、真心をこめてマジナイを行いました。膿がいっぱい出ているのを気にするようすもありません。汗びっしょりになりながらマジナイを続けているうち、額に流れる汗を血膿のついた手で思わず拭うと、宗忠の額に血膿がべっとりついていたといいます。

病人は感激の涙を流して、宗忠に厚く礼を言って帰っていきました。

その病人が帰った後に、妻のいくが言いました。

「あなた、マジナイは結構なのですが、あなたは神さまにお仕えしている身です。あまり血膿がついた体をさすって、体にそういうものが付くというのは恐れ多いと思いますから、今後は少し遠慮してはいかがですか」

宗忠はその言葉にうなずきながらも、病人の安否を気遣いながら、言いました。

「奥や、それはもっともなのだが、気の毒な病気をなんとかして、おかげをもって治してあげたいという一心で、血膿が付くのも忘れていたのだよ。あれがわが子と思うと放ってはおけないだろう。また、病気を怖がったり汚がったりしていてはおかげにならない。しかし、本当に気の毒なものだなあ」

このらい病の患者は、宗忠の一回のマジナイですっかり良くなってしまいました。驚異的な癒しの神通力とともに、深い慈愛があってこその奇跡のエピソードです。この深い慈愛こそ、宗忠が神通力者と呼ばれず、神人と讃えられる理由です。

神人は天候もコントロールできる

宗忠の逸話で有名なのが、「雨が降らない御会日」です。宗忠の講話を聴く御会日に参詣する人々は会ごとに増えて、盛大になりました。しかし、途中から雨模様になると、まだ信心の浅い人たちは帰り急いで混雑することがありました。

ある日も雨模様となって、講釈中に参集の人がざわつきました。それを見て、宗忠は言いました。

「皆様、ご心配はいりません。今日からはここの会日には雨は降りません。安心して、しまいまで話をお聞きなさい」

するると、不思議に空模様が変わって上天気となりました。宗忠の講釈は「天言」とされ、その集会に集まった人たちに最も必要な話が自然と湧き上がるといわれました。

その後五年間、月六回の御会日には一度も雨が降らなかったのです。そのため、「御会日びより」という言葉が近隣近在に言いはやされて、人々も強くこれを信じるようになりました。特に、近くの集落はいぐさの産地で、いぐさは刈って干す時期に雨が降ると困るのですが、朝曇っていて雨の気づかわれる日でも、「今日は御会日だから」と人々は安心して干したということです。

しかし、五年後、宗忠はふと考えます。

「会日には決して雨は降らぬというのは、あの時、自然に浮かび出たので、まさしく天言であり、そしてありがたくもあれからその通りに一回も降らないのだが、これはあまりにももったいない恩寵である。

天候を都合よく左右するというような、特殊なご恩寵をほしいままにすることは、実に恐れ多いことである。ご辞退するべきである。それに、天言というものの、会日には雨が降らねばいいがという当方の念願というか、欲望もたしかにあって、それでくだった特別のお恵みであるから、なおさら恐れ多い」

彼がそう考えてからは、時には御会日にも雨が降ることもあり、自然の状態に戻ります。それでも御会日はだいたい上天気でした。このように天候をコントロールできるのが、神人といわれるゆえんです。

また、宗忠は弘化三年（一八四六）三月八日、和歌の懐紙を海に投げて一瞬のうちに暴風雨の海を鎮めるという奇跡を起こしています。宗忠が乗った船が急な春の突風で、岡山県の児島沖において遭難しそうになります。舟に乗っていた人々は皆泣き叫び、船内はパニックにおちいりますが、彼は一人泰然自若として、周囲をたしなめました。

「舟に乗った限りは船頭に任せておくしかない。任せた以上はその船頭が舵を上げない間は、みだりに騒ぐべきではない」

その船頭がついに、「皆さん、覚悟をお決めください」と絶望の声をあげます。すると、おもむろに宗忠は矢立を抜いて、懐紙に歌をさらさらと書きました。

波風をいかで静めむ海津神
天津日を知る人の乗りしに

その懐紙を海に投げ入れました。すると、まもなく風がスーッとおさまって、全員助かったのです。「天津日を知る人」というのは宗忠のことであり、海をつかさどる神に対して、日の神である天照太神のご神徳をこの世の人に広めている自分が乗っているのだから、波風を静めてほしい、という意味です。イエス・キリストの奇跡をほうふつとさせるエピソードです（二二六ページ参照）。

「神のご開運を祈る」という革命的な祈りを提唱する

黒住宗忠は「神のご開運を祈る」という革命的な祈りを提唱しますが、この祈りは宗忠の教えの中で特に重要なものだと著者は確信しています。「神のご開運を祈る」ことは、神と人間の関係性を良好なものにします。

宗忠は親孝行の最大のものとして、親孝行のために神になることを目指した人です。宗忠は親孝行からさらに神孝行へと発展させ、従来の「神に自分の開運を祈る」というパターンから、「神のご開運を祈る」という超逆転の祈りを提唱しました。

宗忠は「人間は本来、神のご分心をいただいている尊い存在だ」といいます。それは「神人同質」という思想から来ています。つまり、人間は神の子どもであり、子神なのです。子神が親神のご開運を祈るわけです。彼にとっては、親の開運や幸せを祈ることと、神のご開運を祈ることはまったく同じだったのです。

では、なぜ宗忠は「神のご開運を祈る」までの境地に至ったのでしょうか。通常は、「神さまは人間を開運するもので、神さまの開運なんか祈る必要があるのだろうか」と思われるでしょう。

しかし、神は人間に祈られてこそ神さまなのです。ご存在としては厳然といらっしゃるわけですが、人間から「○○の大神さま」と拝まれることで、人間にとって守護神としての神力がますます顕現するのです。

人間が神仏のご開運を祈っていくと、神仏としての御神威（みいず）・功徳（くどく）が上がっていきます。

歴史的にみると、鎌倉時代の「御成敗式目（ごせいばいしきもく）第一条」の中に次の言葉があります。

「神は人の敬いによって威を増し、人は神の徳によって運を添（そ）ふ」

これは、人間の敬いによって神威が上がり、神威が上がったその神の徳をいただき、人間の運が良くなるということです。

神孝行という発想は、熊沢蕃山（くまざわばんざん）の影響があるように思います。備前藩（びぜん）は陽明学の大家・熊沢蕃山を登用して、「孝行」を藩で奨励していました。陽明学の祖が王陽明（おうようめい）であり、彼は「知行合一（ちこうごういつ）」という行動哲学を唱えた中国の明代の思想家です。

蕃山は天地を師として、「天人合一」を説きました。「天人合一」とは、人間は天地によって生み出されたものであるから、天地を尊重し、天地の造化（創造）に協力する必要があるというのです。天地の理法と人間の営みの調和によって、四季の巡りは順調で、穀物は豊作で、社会は豊かで恵まれたものになるわけで、それを「天地人三才一貫」の道の実現といいます（参考・『熊沢蕃山――人物・事績・思想』宮崎道生著、新人物往来社）。

「孝行論」では、「親孝行だけでは足りない、神に孝行を尽くさないといけない」という思想が江戸時代に出てきました。その神孝行をもう一段階バージョンアップさせたのが、神のご開運の祈りなのです。

神仏のご開運を祈ることは、神仏を喜ばせ、元気にする

神のご開運の祈りは、神と人間が歩み寄る「神人和楽（わらく）」の祈りです。「神人和楽」とは、

古神道の理想であり、神と人間がともに和み楽しむという意味です。いままでの祈りは、人間が神を雲の上に祭り上げてしまう祈りであるのに対して、ご開運の祈りは「神人信頼」の祈りです。神さまも人間の側に近寄り、人間も神さまを信頼し、お互いがそれぞれの役割を果たす「神人共働」の祈りになります。

著者はプロの神道教師として、「神・仏・先祖」への祈り方を指導しています。著者は神棚や神社・仏閣でさまざまな祈り方を行いましたが、神仏のご開運を祈るのが最も神仏の反応がよく、人間の開運に効果があります。

「神・仏・先祖」のご開運を祈ると、「神・仏・先祖」がたいへん喜び、元気になります。そして、元気になった守護のご存在から、人間が大いなる守護と後押しをいただけばよいのです。つまり、「神・仏・先祖」のご開運を祈ると、自分自身が開運してくるのです。

宗忠は「謹んで天照太神の御開運を祈り奉る」と祈りました。著者はご開運の祈りを現在風にアレンジしています。たとえば、著者が神棚で、笑顔になって、

「おかげ様で、ありがとうございます。とってもありがたい天照大御神さま、産土の大神さま、鎮守の大神さまの一霊四魂の弥益々のご開運をお祈り申し上げます」

と祈りますと、神棚が御神威（神のオーラ）で輝いてきます。

「おかげ様で、ありがとうございます」は守護のご存在に対する感謝と、人間の謙虚さをあらわし、福を招く効果的な言霊です。「弥(いや)益々(ますます)」はさらにご開運するようにということで、付け加えています。「イヤ」とは癒すと語源が同じで、本来の姿になるという意味もあります。一霊四魂とは内なる神性であり、直霊(なおひ)・荒魂(あらみたま)・和魂(にぎみたま)・幸魂(さきみたま)・奇魂(くしみたま)になります。人間にも、神仏にも一霊四魂があります。

このご開運の祈りの後に、「私は○○します。後押しよろしくお願い申し上げます」と祈るとよいのです。仏壇でも、「おかげ様で、ありがとうございます」と言った後、ご先祖さまのご開運を祈ると、先祖がとても喜びます。

直霊(なおひ)	内なる神性の中心的存在。
荒魂(あらみたま)	この世に現象化をもたらす働きをする内なる神性。願望実現に深く関わる。
和魂(にぎみたま)	調和・統合する働きをする内なる神性。
幸魂(さきみたま)	智慧・洞察力・人生を開く(咲(さ)く)力をつかさどる内なる神仏。
奇魂(くしみたま)	奇(く)しき力(奇跡・超常的パワー)をつかさどる内なる神性。

一霊四魂の働き

神仏のご開運を祈ることは、神仏との上手な付き合い方でもあります。「神仏との上手なお付き合い方」は人間関係にも通じます。神仏との上手なお付き合い方ができるようになると、それに比例して人間関係がよくなります。

相手のご開運を祈ると、だんだん相手と同一化して、相手の立場が理解でき、そこから感謝の気持ちが生まれます。さらに、ご開運の祈りは多くの「気づき」を人間に与えます。

○神仏のご開運を祈る心のプロセス

「神仏のご開運を祈る」と次のような心のプロセスになります。

- **子どもが親のことを思うように祈るので、身近に神仏を感じる。（接近）**
- **神仏が親であることを実感し、愛情を感じる。（親愛）**
- **神仏との信頼感により、同行二人（どうぎょうににん）となり、安心立命（あんしんりつみょう）を得る。（信頼）**
- **神仏の深い慈愛の心がわかるようになる。（共感）**
- **「自分が神仏の立場だったら」と、神仏の立場で物事を考える。**
- **神仏の願い（今日を神代、地上を高天原（たかあまはら）・仏国土（ぶっこくど）にする）をこの世に実現させるために働く。（共働）**

心理学では、全肯定の発想「ユー・アー・ＯＫ，アイム・ＯＫ」を最上の考えとしています。神仏のご開運の祈りは、神仏も人間もどちらもＯＫの祈りです。この相互信頼の祈りをはじめ、すべてを肯定する宗忠の人生哲学は、明るい人生を味わう秘訣です。

また、無意識の世界では、自分と相手の区別がありません。相手を祝福することは自分を祝福することと同じであり、相手を非難することは自分を非難することと同じになります。したがって、**神仏や先祖、家族、相手のご開運を祈ることは自分の開運も同時に祈ることになり、相手も自分もだんだん開運していきます。**

著者は「神仏のご開運」を祈っているうちに、植樹や奉納などによる神社・仏閣のご開運運動を行うようになりました。それが自分自身の大いなる開運につながっています。同時に、「神仏のご開運」が地球の調和、人類の平和のためのキーワードになります。人類は数々の宗教戦争をしてきましたが、お互いの神や仏のご開運を祈れば、宗教間の対立はなくなってくると思います。

著者は地球時代の神仏と人間の新しい祈りの元型（げんけい）として、宗忠をルーツとする「神仏のご開運を祈る」を二一世紀の宗教思想の大きな潮流にしたいと考えています。

宗忠神社が幕末日本の天皇家の「勅願所」になる

幕末における宗忠に対する客観的な評価は、前述のように二つあります。

①神道家元である京都の吉田家から、「宗忠大明神」という最高の神号をいただいた。

②宗忠神社が孝明天皇（明治天皇の父君）の「勅願所」になった。古くからの大きな神社がある中で、宗忠神社が天皇の特別祈願の神社に選ばれた。

宗忠の高弟である赤木忠春（一八一六～一八六五）は宗忠の昇天後、幕末の京都で活躍します。宗忠と高弟の赤木忠春の邂逅は劇的でした。宗忠は六六歳、忠春は三三歳の時です。八年間失明していた忠春は、宗忠の講釈を聞いただけで、失明から救われます。その奇跡がきっかけとなって、師弟の契りが結ばれたのです（付章にて、詳述します）。

忠春は自分の体験もあり、宗忠同様にヒーリング（癒し）を得意としました。神祇管領上長である吉田家は、忠春たち高弟を厳密に審査して（審神法といいます）、彼らと宗忠について本物であると認定します。宗忠は「霊神」「明神」と神階が上がり、ついには「大明神」号という最高の神号を授与されます。

古神道で最重要なメソッドの一つが、「審神法（サニワ）」です。審神法とは文字通り、神の真偽やレベルを審判する方法であり、広義では宗教・精神世界の人物・メッセージ・モノのレベルチェックシステムです。

さて、「大明神」を人間で贈られた例として、天下人であった豊臣秀吉がいました。最高権力者である秀吉は「豊国大明神」を贈られますが、岡山の一神道家である宗忠が「宗忠大明神」となったのは、特異な例であり、宗忠によほどの神威を感じたのでしょう。

宗忠の死後、京都の神楽岡（かぐらおか）に宗忠神社が建立されます。神のご開運を祈っていた宗忠は、神となって神社に祭られたわけです。神楽岡は吉田家が奉仕している吉田神社（京都市左京区）の境内地です。吉田神社にも、宗忠の産土神社である今村宮に祭られている春日大神が祭られています。ここにも神縁を実感します。

吉田神社が鎮座する吉田山には、全国の神々を祭る大元宮（おおもとみや）が鎮座しています。大元宮のすぐ近くに、吉田家から永久借地（しゃくち）を受けて、幕末動乱の時代に宗忠神社が建立されました。これも異例の厚遇（こうぐう）です。

忠春たちは公家との交流があり、九条関白家（くじょうかんぱくけ）は若君の病気平癒のほか、関白尚忠（ひさただ）の姫君である夙子（あさこ）姫の長年の病が、忠春のマジナイにより快気したことから、黒住一門に入門したと伝えられています。

夙子姫とは、孝明天皇の夙子准后です。准后は実質的な皇后であり、夙子准后は後に、孝明天皇崩御により英照皇太后となります。民間の一神道家である赤木忠春が、後に皇太后となられる方にマジナイを奉仕したわけです。

また、孝明天皇の養女である文秀女王は、実家である伏見宮家の信仰も厚く、実父の邦家親王もたびたび宗忠神社に参拝されています。文秀女王が奉納した宗忠神社の社号額も現存しています。

そして、赤木忠春は孝明天皇の御前で、天照太神のご神徳についての黒住宗忠の説をご進講申し上げたと伝えられています（『孝明天皇と宗忠神社』真弓常忠著、京都神楽岡・宗忠神社刊）。孝明天皇には次のような御製があります。

玉鉾の道の御國にあらわれて
　日月とならぶ宗忠の神

天皇が「日の神・月の神に並ぶほどの神威をもつ宗忠の神」と絶賛しているわけです。

（上）宗忠神社（京都市左京区吉田神楽岡町）／（右）赤木忠春神を祭る忠春社（宗忠神社内）

孝明天皇は黒住宗忠が「天照太神のご開運」を提唱しているところに、特別の思いがあったものと思われます。それが勅願所・宗忠神社へと発展していきます。これは超異例な待遇で、宗忠神社によほどの神威があったと考えられます。著者が、宗忠を不世出の神人であると評価する理由がここにもあります。

そもそも黒住家の祖先は南北朝時代の南朝の遺臣で、名のある武門の出だといわれています。南朝（吉野朝）は後醍醐（ごだいご）天皇の系統であり、黒住一族は尊皇（そんのう）の家系だったのです。

宗忠は生前、多くの人たちの病気を癒し、その生命哲学で導き、たくさんの徳を積みました。さらに、宗忠が死後に神となって、天皇家の勅願所になったのは、先祖・一族の誉れともいえます。宗忠は親孝行から神人になった人ですが、大いなる先祖・一族孝行もしたことになります。なお、「禁門（蛤御門（はまぐりごもん））の変」など宗忠神社が幕末日本を陰で支えた点の詳細は、拙著『太陽の神人　黒住宗忠』（たま出版）を参考にしてください。

宗忠大明神は天照大御神ご寵愛（ちょうあい）の神になった

ここで、神になってからの宗忠についての興味深い話をご紹介しましょう。宗忠は伊勢神宮に生涯六度参拝し、その度に天照太神とお目通りしたということですが、彼は死後、天照太神の御寵愛の神となられたというのです。『近代日本霊異實録』（笠井鎮夫著、山雅房）に『黒住教幽冥談』の抜粋が掲載されています。恒原松太郎という神通力者（霊能者）の体験談を、小野当以という人が松太郎の老母から直接聞いたものを筆録したもので、明治四年から同一六年までに実際に起こった事柄であるとしています。

松太郎は天満宮さま（菅原道真公）に仕えて、一六歳から一一年間の御用をして、幽冥（霊界）に通っていました。松太郎は霊界探訪者として評判になり、神道管領の吉田家から真偽の調査を受けることになりますが、その審神法にもパスしています。

松太郎によると、宗忠のお気に入りの弟子は赤木忠春で、松太郎は霊界の忠春にも会っていました。松太郎が天満宮（菅原道真公）のお供で、伊勢神宮へ参拝した時の話ですが、長文なのでダイジェストで転載します（文意がそこなわれない程度に読みやすくしています）。ゴシック体は、著者が強調するためにそうしました。

「ある年、松太郎は天満宮のお供をして伊勢の大神宮に参りまして、奥の御門に入り、御本社の階段の前の岩の上に天満宮も座りました。松太郎もその後に坐します。天満宮さまが御拝をして拍手をしますと、お扉がキイと鳴って開き、御簾が上がりますと、中に美しい神がおわしまして、大なる御鏡を手に持ち遊ばしています。

その左脇に年のころ七十あまりに見える、頭の光る、よく太りたる神さまがおわします。右の脇にも美しき神さまがおわしまして、しばらくして御簾が下りて、天満宮さまについて門へ出ますと、天満宮の仰せられますに、

『中央におわしますが天照大神さま、左脇が宗忠の神さまなり』

と申されます。松太郎は、

『その宗忠の神さまとはどういう神さまでしょうか？』

『あれは備前国・黒住左京藤原宗忠の神にて、皇太神のご寵愛の神なり』

松太郎は、皇太神のご寵愛の神というからにはどれくらい経った神であろうかと、次のようにたずねます。

『この神さまは神と成られまして、何千年になりますか？』

すると、意外な答えが天満宮（道真公）から返ってきます。

『この神はまだ三十年あまりなる神なり』

『されば、あなた様は天満宮と成られましてから、およそ千年にも近く古くよりの神さま

でありまして、三十年に成るやならぬ若き神さまが皇大神宮のお膝元に御仕えあそばすとはいかがのことでありますか?』

と驚いて尋ねると、天満宮は、

『宗忠という神は拙者などの及ばぬ大徳の神にして、そのわけは天地開けてこの方、皇太神宮の御徳を世の人に教えた神はなし。宗忠という人は現世にありし時、誠を勤めて、皇太神宮の御徳を説き教えて、人に物語りて助けし功の著大なるがゆえに、皇太神宮の御膝(おひざ)元(もと)に仕え召される大徳の神なり』

と仰せになられました」

宗忠は生前、黒住左京藤原宗忠と名乗っていました。また、宗忠は在世中に天満宮の御神号を書き、天満宮への信仰がありました。現在、岡山の宗忠神社の境内社には天満宮が祭られています。そういう意味では、道真に連れられた松太郎が伊勢神宮において、宗忠に会ったのは、話の筋が通っています。

この物語がもし本当だとすると、次のようなことが考えられます。宗忠が天照大神のご寵愛の神になったということは、神のご開運を祈ることは「神さまの奥座敷まで入れる祈り」であるといえましょう。

また、宗忠は笑顔で陽気で前向きに生き、「人になる道が神になる道」と説きました。それを実証したわけです。もちろん、私たちが宗忠のように神になれるわけではありませんが、神仏のご開運を祈ることは私たちの開運につながることは間違いありません。

黒住宗忠直筆の「天照皇太神宮」の御神号（黒住教本部・宝物館所蔵）

ちなみに、宗忠は伊勢神宮に生涯六度参拝しましたが、これは自分の産土神社総本宮参拝法でもあります。前述のように、彼の産土神社である今村宮の主祭神は天照大御神であり、その総本宮が伊勢神宮になります。皆さんも自分の産土神社や鎮守神社（住んでいる場所の守り神）の総本宮に参拝すると、産土の大神さまや鎮守の大神さまが喜ばれ、さらにパワーアップします（それが総本宮参拝開運法です）。

日露戦争でのバルチック艦隊との日本海海戦に陰の神助があった？

「日露戦争において、バルチック艦隊との日本海海戦の際、黒住宗忠の神助があった」と書くと、読者の中には驚く方もおられるかもしれません。著者は以前、黒住宗忠の産土神社であり神職として奉職していた今村宮に、ボランティアで由来書の原稿を書いたことがあります。由来書の原稿を書くために、取材で訪れた時のことです。

「今村宮」という社号額が拝殿にかかっていました。その社号額の揮毫者は、なんと日露戦争の英雄である東郷平八郎元帥だったのです。その時、著者は「なぜ鹿児島出身の東郷元帥が岡山市の今村宮に？」と思い、その理由をうかがったところ、宮司様は「黒住宗忠の産土神社なので」というお答えでした。

そこで、黒住教の関係者の方々から詳しく聞きますと、東郷元帥の親族に黒住教の信者がいて、彼もその縁で、日露戦争の際、霊験あらたかな宗忠大明神へ神助をお願いしていたというのです。

日本海海戦では、当時無敵とされたロシアのバルチック艦隊が、「太平洋側を通るか、対馬海峡側を通るか」ということが焦点になっていました。秋山真之少佐が「対馬側を通る」という霊夢を見て、日本海軍は対馬沖で待ちかまえました。

そして、バルチック艦隊に対して、前方を横切り、一斉砲撃を浴びせる「T字戦法」で、世界の海戦史上でも類を見ない完勝をおさめました。この勝利によって潮目が変わり、戦争終結の講和条約を有利に進めることができました。

この日本海海戦の大勝利は、東郷平八郎をはじめ、先人たちの努力と兵法の結晶だったわけですが、「勝負は時の運」という要素も大きいものです。東郷平八郎は宗忠が詠んだ

身も我も心も捨てて天地の
たった一つの誠ばかりに

という歌を吟じ続けながら、旗艦（きかん）三笠の甲板上で、戦いを見守ったといわれています。

東郷平八郎は宗忠大明神の神助を深く感じたのでしょう。それで、日露戦争の神助のお礼

（上）東郷平八郎直筆の「今村宮」の社号額／（右）東郷平八郎直筆の「宗忠神社」の御神号

に黒住教に出向き、宗忠の産土神社である今村宮に社号額を奉納したというわけです。

また、東郷平八郎は「宗忠神社」「天照大御神」と自ら認め、神迎えし晩年の日々は、天佑神助に対して感謝の祈りを捧げていたといわれています。その「宗忠神社」「天照大御神」の二幅の御神号は現在、黒住教本部に奉納されています。これは、近代日本史の知られざる神助エピソードです。

もちろん戦争は避けるべきですが、当時の列強のアジアの植民地支配はすさまじく、日本だけ戦争を回避できる状況ではありませんでした。実際、日本が日露戦争でロシアに負けていたら、日本の国土は現在とは大きく異なる状況になっていたことでしょう。日露戦争の勝利は、同じくロシアの南下政策に苦しんでいたトルコの国民を歓喜させ、東郷平八郎の名前から取ったトーゴー通りなどができました。

ヨーロッパでは、日本は「一度も植民地になったことがない国」として知られています（参考・『一度も植民地になったことがない日本』デュラン・れい子著、講談社＋α新書）。これは日本人だけの力ではなく、多くの神仏の陰ながらの神助仏助があったからだと著者は考えています。まさに「おかげ様で、ありがとうございます」です。

第2章

宗忠はいかに危機を脱して、神人へ到ったか

「生きながら神になる」という大志を抱く

驚異的な神力を発揮し、不世出の神人と讃えられた黒住宗忠ですが、何の苦労もなく、そうなったわけではありません。少年時代の彼は、「黒住の孝行息子」とあだ名がつくほど、その孝行ぶりは評判でした。備前藩は陽明学の熊沢蕃山を登用して、孝行を藩で奨励していることもあり、宗忠は「孝行息子」として藩から表彰されています。

宗忠は一九歳になると、人生の目標を決めました。人生の目的のことを〈天命(てんめい)〉といいますが、彼はなんと「生きながら神になる」という決意をしたのです。親孝行を突きつめていくうちに、自分が神になって世に立つことこそ、両親を喜ばせ、恩に報いる道だと考えたのです。

「少年よ、大志を抱け」という言葉がありますが、ここに前代未聞の〈天命への志〉を立て、自分の天命に向かって大きく歩み出します。

その志が引き寄せたのでしょうか。さまざまな人にたずねたり、書物を読んだりするうちに、宗忠は吉田兼倶(かねとも)の『神道大意』に目がとまりました。兼倶は室町時代に吉田神道を

黒住宗忠の住居（宗忠神社境内の黒住宗忠記念館）

体系化して、白川神祇伯王家（しらかわじんぎはくおうけ）の伯家神道（はっけしんとう）とともに吉田家を神道の二大家元にした天才的な神道家です。後に、京都の吉田神社の近くに宗忠神社が建立されたのは前述した通りです。

その中に「心こそ神なり」という一節がありました。この「心こそ神」とは古神道の基本的考えであり、「心神」と書いて、「たましい」と読ませています。内なる神性のことを古神道では「一霊四魂（いちれいしこん）」といい、後に宗忠は「ご分心」と呼んでいます。

青年・宗忠は思いました。

「人間の心が神なのか。いままで神は、何か自分の外にいるように考えてきたが、そうではなかったのだなあ。神さまは自分の心の中におられるのだ。人間の心そのものがすでに神なのだ」

まさしく彼が直観したように、わが内にこそ神仏はおられるのです。後に、宗忠は次のような歌をつくります。これは古神道や密教の奥義に通じます。

天地の心のありか尋ぬれば
己(おの)が心のうちにぞ有(あり)ける

志ある者には「縁尋(えんじん)の機妙(きみょう)」という開運シンクロニシティが起きる

青年・宗忠はさらに考えます。

「神になろうと思えば、心に悪いと知ればそれを行わず、良いと思うことばかりを行っていくことだ。そうしていけば、きっと神になれるはずだ」

それから、青年期の彼は「生きながら神になる」という大志をもって修行をしました。

しかし、「心こそ神」という言葉にはさらに、奥深い意味があったのです。

さて、そのような志があると、「縁尋の機妙」が起きます。縁尋の機妙とは、「よい縁がさらによい縁を尋ねていく仕方が実に機妙である」という仏教用語で、安岡正篤先生がよく引用しました。人間が志をもって何かを求めたら、必ずその答えとなるような人物や書物と会えるものです。ユング心理学でいう「シンクロニシティ（意味ある偶然）」が起きるわけです。

皆さんも、「こういう情報がほしい」と思っていた時に本屋に行ったら、探していた答えになる書物がフッと目にとまったとか、こういう人に会いたいなと思っていたら、たまたま会えた、などという経験があるのではないでしょうか。

志をもって本気で強く思うと、縁尋の機妙が働きます。その人が「私は必ず～する！」と強く意志を発する時に、そういう状況や環境が集まります。開運シンクロニシティともいうべき縁尋の機妙が働き始めると、人生がどんどんおもしろくなるのです。

私が開運カウンセリングをしていて、「～したい」と言う人はまだ本気度が足りなく、結果が出にくいと感じます。「私は必ず～する！」と決意することが、物事を成就する秘訣です。決意があれば、行動が起きます。社会に役に立つことであれば、神仏は大いなる後押し（バックアップ）をくださるものです。それを私は「決意の法則」と呼んでいます。

読者の皆さんも、何事かの実現を願う場合は、まず「私は必ず～する！」と決意して、その後に神仏のご開運を祈り、後押しをお願いするとよいでしょう。縁尋の機妙とはそういう面では、その人の天命への志と天の意志が連動することによって起きるのです。

宗忠は空亡（天中殺）の時に、不治の病にかかる

宗忠は結婚して、子宝にも恵まれました、しかし、突然、彼は大きな不幸に見舞われます。文化九年（一八一二年）八月のある晩、母のつたが急に腹痛で寝込んでしまいました。父の宗繁（むねしげ）も、相次いで床につきます。両親とも病状が急速に悪化し、高熱と下血が激しくなりました。

宗忠と妻のいくは、寝食を忘れて両親を看病しました。しかし、必死の看護もむなしく、五日後、母親のつたが息を引き取りました。さらに九月五日、宗繁も息を引き取ります。

宗忠はわずかな期間に父母を失ってしまったのです。「黒住の孝行息子」として特別に表彰されたほどですから、彼の悲嘆は大きく、嘆きは深まるばかりでした。両親の死後一年を過ぎても、彼は悲しみから立ち直ることができず、心身ともに衰え、ついに労咳（ろうがい）（肺

結核）におかされます。父母の死を嘆き悲しみ続けたことが強いストレスとなり、自己治癒力や免疫力が低下して、それがウイルスの感染を招いたのでしょう。

当時、労咳は不治の病とされ、一度かかったら、よほどのことがない限り助かりませんでした。宗忠のような親孝行者が、若くして亡くなるということは理不尽に思えます。もし彼がこのまま死んでいたら、「神も仏もあるものか」と皆が思ったことでしょう。

一般の人の中には、「神仏を信仰していると、病気にならないのではないか」という根拠のない、淡い期待を抱いている人もいます。しかし、神仏を信仰していても、やはり病気になります。病気の原因には生活習慣や心の有りよう、住環境など多様な原因があります。

近年の心身医学からも、心の状態が病状にダイレクトに影響をすることがわかっています。宗忠は悲しみのあまり、心を激しく痛めたわけです。その反省から、後に宗忠は「心の神を大切にする」ことを提唱しました。

両親が急死した文化九年は壬申の年に当たり、その年は東洋運命学の四柱推命でいえば、宗忠にとって空亡（天中殺ともいいます）の時期でした。四柱推命では、宗忠の空亡時期は申酉空亡になります。

このような彼の症状を、東洋医学と一霊四魂論から考察してみましょう。東洋哲学では万物は「木・火・土・金・水」の五行で構成されており、人間も同様に五臓をもっています。肺・大腸経は、五行では「金」にあたり、「悲しみ・憂い」という象意があります。つまり、「悲しみ・憂い」が度を過ぎると、肺を傷めてしまうということです。

宗忠の病気もまったくそれにあたりました。当然、「悲しみ・憂い」を脱しない限り、労咳の快癒は難しい状況でした。

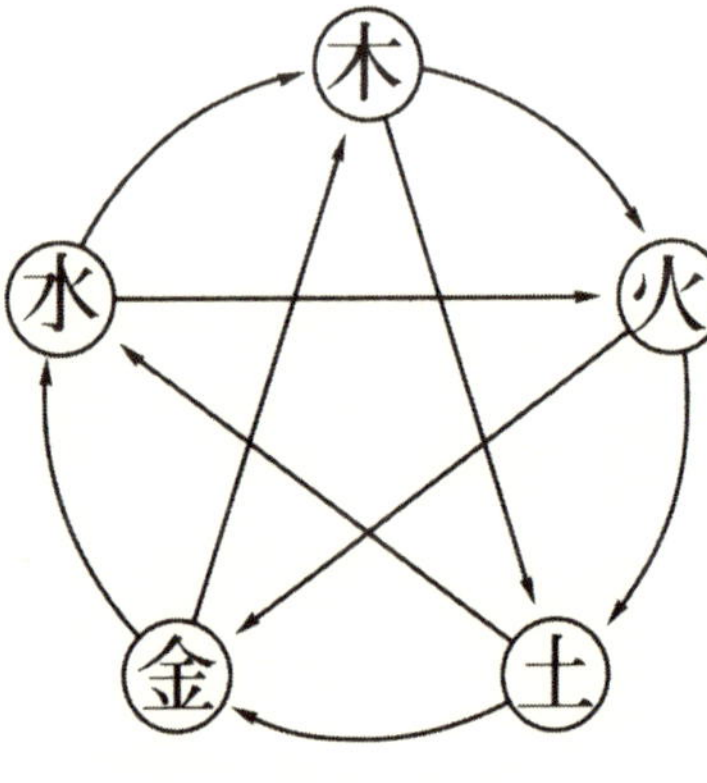

「木」の肝臓の場合でも、肝臓の病気はお酒の飲みすぎやウイルスなどが原因になりますが、心の原因としては「怒り」が度を過ぎると肝臓を悪くします。「土」の胃は、「心配する・迷う」に対応します。物事を心配したり気に病むと、胃が痛くなるのもそのためです。過度のストレスで胃潰瘍になり、胃に穴があく人もいます。言い換えますと、人間は〝胃に穴をあけるほどの超能力をもっている〟ということです。

宗忠は後に、次のように説いています。

「人の身に吉凶禍福の生ずるは、決して外より来るにあらず。ただ心の用いようによりてもって、出来ることなり。されば、心が神に成れば一切吉事のみ、心に鬼が生ずれば禍事のみおこる。その鬼のためについには、わが身を食われてしまうなりけり。誠に恐るべきものは鬼なり。しかも有り難きことは、天に口なし、人をもって言わしむる語のごとく、自然と教えは天より顕れてあり」

運命学的にいいますと、厄年や空亡（天中殺）は本人のバイオリズムによって起きます。また、不幸現象の八〇%は、外から襲ってくるのではなく自分が引き寄せるものです。宗忠はそれを見事に喝破しています。認知心理学では、「病がその人に生き方、考え方を見直させてくれる」といいますが、宗忠も認知心理学と同じことを説いています。

六根清浄祓「わが心神を痛ましむることなかれ」

吉田神道の祝詞の中に、六根清浄祓があります。これは天照大御神の宣託という形式で、人間の心の持ち方を説いています。

〔六根清浄祓（著者による改訂版）〕

天照大御神の宣り給わく　人は天下の神物なり　すべからく天下調ひて平かならむと努むるべし　心は即ち神明の本主たり　わが心神を傷しむることなかれ

この故に　目に諸々の不浄を見て　心に諸々の不浄を観ず
耳に諸々の不浄を聞て　心に諸々の不浄を聞ず
鼻に諸々の不浄を嗅て　心に諸々の不浄を嗅ず
口に諸々の不浄を言て　心に諸々の不浄を言はず
身に諸々の不浄を触て　心に諸々の不浄を触れず
意に諸々の不浄を思いて　身中主（一霊四魂）に諸々の不浄を想はず

この時に清く潔きことあり　諸々の法は影と像との如し　清く潔ければ仮にも穢るることなし　説を取らば得べからず　皆花よりぞ木の実とは生る　我が身は即ち六根清浄なり　六根清浄なるが故に　心体健やかなり　心体健やかなるが故に　天地の神仏と同根なり　天地の神仏と同根なるが故に　万物の霊と同体なり

万物の霊と同体なるが故に　祈願のこと成り就わずということなし

また、伊勢神道の一切成就祓も人間の心の有りようを述べています。

〔一切成就祓〕

極めて汚きも　滞りなければ汚きものはあらじ　内外の玉垣　清く浄しと申す

六根清浄祓の中に、「わが心神を痛ましむることなかれ」という言葉があります。宗忠自身が、「心こそ神」と知りながら、その心神をひどく痛めてしまったわけです。心の偏りは病気の原因になります。だからこそ、中道（中庸）の意識（バランス感覚）が必要になります。病気は本人の「一霊四魂（ご分心）からのメッセージ」なのです。

宗忠は後に、「情深くして、情に迷わず」と説いています。天命直授後の彼の生命哲学が、心を明るくもつこと、家内七か条など、心のコントロール法をメインにしているのも当然のことなのです。

後に宗忠は、「心の神を大切にせよ。心で心に祈れよ」と説きました。宗忠は心の修行、すなわち、常に天心を養うことを第一義にしました。その修行の目標も、「此方の道と申すは、心の修行第一なり」としました。

神道では善にも悪にも自分のミタマを傷つけないことを説いています。私たちがストレスとして感じるのは、自分をよく見せよう、相手からバカにされないようにしようと思う心から生じる場合が多いのです。考えないでいいことを考えて、無用な悩みを抱え込んでいる人が多いのです。宗忠は、「もっとシンプルに生きなさい」というメッセージを送っているのです。

東洋運命学とユング心理学で、宗忠の大難の時期を考察する

ここで、東洋運命学とユング心理学的観点から、宗忠の大難の時期を考察していきます。前述のように、両親が急死した文化九年は壬申の年に当たり、宗忠の空亡時期は申酉空亡に当たります。その時期に、両親の死と自分の大病に見舞われたわけです。

空亡は四柱推命における十二年周期の「冬の時期」です。運気が衰え、それまで内在していた「健康・経済・仕事・精神面・家庭・人間関係」における自分の弱点が顕在化して

きます。同時に、**空亡は人生の偏りや歪みを矯正し、〝積極的に自己変革を行う時期〟**です。

そして、空亡を乗り切るには神仏の加護が必要になります。

四柱推命では、十干と十二支の組み合わせで宿命・運命を観ていきます。十と十二の組み合わせですから、当然、十二支が二つ余ります。この二つ余る期間を空亡といい、十二年のうち衰運の時期が三年（空亡は二年で、その前年か後年に空亡ぎみの年が一年）あることになります。

さて、空亡は自分の精神的悩みやトラブルが噴出しやすい時期です。自分の内面と向き合い、人生を見直すことで、ピンチがチャンスに変わります。

ユング心理学には「創造的な病気」という概念があります。病気はその人間にさまざまなことを教えてくれます。病気は「自分の人生で、反省すべき点は何か」と、自己を見つめ直すチャンスになります。トラブルや病気の時こそ、自分の認知・思考の歪みを修正するチャンスです。

宗忠にとっても、労咳はまさしく「創造的な病気」となり、その後、大いなるバージョンアップが起きます。宗忠は「何事にも活かし上手になれ」と説きましたが、彼は空亡（天中殺）と病気を最大に活用した人物でした。

宗忠は文化九年（申）と一〇年（酉）の二年の空亡時期、すなわち、運勢における冬の時期を乗り越えた後に、文化一一年（亥）になって、天命直授を受けることになります。天命直授とは、天照太神と合体するという神秘体験の後、天命を直に授けられたわけです。そして、次の年になって、本格的な活動を始めます。

彼の運勢を四柱推命でさらにみていきましょう。十二運星では、中年期に「死」という星があります。文字通り、「運気が滞り、不遇・不幸」という意味であり、天命直授直前の運勢をあらわしています。ただし、宗忠は吉凶神殺星のうち、天乙貴神という最高の吉神をもち、天徳貴神という「凶を吉に転じる吉神」ももっていました。死の直前で天祐（天の助け）が働いたわけです（参考・『四柱推命開運法』山東万里女著、田口二州監修、ナツメ社）。

宗忠の元命星（主になる運命星）は印綬星です。この星は神仏への信仰心がある人に多く、「教育者、研究者、文化人、作家」が適職です。神職であり教育者でもあった彼の人生は、まさしく印綬星の人生です。

九星気学では、宗忠の本命星は四緑木星です。九星には「天・地・人」の区分があります。天は「三碧木星（雷）・六白金星（天）・九紫火星（火）」で、地は「二黒土星、五

天	地	人
三碧	二黒	一白
六白	五黄	四緑
九紫	八白	七赤

黄土星、八白土星」です。そして、人は「一白水星・四緑木星・七赤金星」です。したがって、四緑木星は「人」の星になります。

天と地を結ぶのが人です。四緑木星は「風」の象意があります。「風」は伝達という意味があり、神さまの意志を人間に伝達する働きがあるといえます。四緑木星はコミュニケーションの星でもあります。

後年、宗忠が「神さまのご開運を祈る」という、神と人間の新しいコミュニケーションの方法を提唱したのも、自分の得意分野を活かしたわけです。

私事ですが、神道教師である著者も、元命星は印綬星であり、本命星は七赤金星という「人」の星です。宗忠と似た命式だったので、宗忠の思想が深く理解できました。そして、著者自身も三十五歳の時に、仕事のストレスのために風邪をこじらせて、急性肺炎で入院した経験があります。

一週間の入院と自宅療養の期間は、それまでの人生と今後について深く考える機会となりました。退院後、私は神仏との感応力が高まりました。入院で心が定まり、自分の好きな神社や古神道の世界で天命を歩もうと決意して、会社をやめて思い切って独立しました。私にとっても、急性肺炎は「創造的な病気」になったのです。

著者の人生で最も大きな岐路だった際に、「心の師」である黒住宗忠を心の支えにしたのです。本書と前書『太陽の神人　黒住宗忠』は、著者から黒住宗忠先生への〈恩返し〉の意味もあります。

宗忠が天命直授を受けたのが三五歳の時でしたので、後で著者は自分の人生との重なりに不思議な思いがしました。宗忠先生を尊敬していたとはいえ、肺の病気までマネしたくはなかったのですが（笑）、この経験が彼の心境をある程度理解できる素地になっています。

困難脱出は「最悪の状態を受け入れる」ことから始まる

文化一一年（一八一四年）の一月一九日のことです。宗忠はその頃になると、時々ふとんの中で激しく喀血（かっけつ）しました。医者は宗忠の妻いくに、彼の死の宣告をしました。

「あと数日の命です。遺言があれば聞いておくのがよいでしょう」

ところが、死の宣告を受けてしまった時、宗忠は不思議と焦る心がなくなりました。死ぬという結果が決まってしまえば、おのずと覚悟もつきます。直面している死をあるがまに受け入れる心境になったのです。さらに、彼は悔悟とお詫びの思いが胸に迫りました。

「若くして死ぬということこそ、最大の親不孝ではないか。私は、孝行して親の恩に報いないといけないと思いつつ、かえって大きな不孝をしてしまった。大切なこの家を預かりながら、その責任も果たさなかったことを、祖先にお詫びしよう。それに、親の親こそ神さまだ。この上は神さまにお詫び申し上げ、三十数年の厚いご恩にお礼を申し上げよう。生きながら神になるという念願は果たすことができなかったが、自分が死んだ後は神となって、病で苦しむ人を助けてあげよう」

宗忠は覚悟を決めると、とても安らかな気持ちになりました。これを心理学では「受容」といいます。困難脱出のコツはまず、「最悪の状態を受け入れる」ことです。その覚悟の上で、そうならないための対策を行うことです。最悪の事態を受け入れた時から、実はＶ字回復のチャンスが巡ってくるのです。

現在、一〇〇年に一度といわれる経済危機から、世界中が厳しい雇用状況にあります。

ピンチやトラブルが起きた時に乗り切るコツとして、四つのプロセスが挙げられます。

①最悪の事態を想定する。
②最悪の事態を受け入れる。
③現実を解析して、現状を把握する。
④最悪の事態にならないように、「前提」から見直して対策を打つ。

多くの人たちは最悪の事態を想定することは得意（?）なようですが、その状態を受け入れずに対策をとろうとするから、なかなか解決しないのです。まず受容することが解決するにはとても大事です。

「受け入れられない」という人は、「受け入れられない」ということを受け入れます。それもできない人は「受け入れられないことを、受け入れることはできない」ことを受け入れればいいのです（笑）。このよう

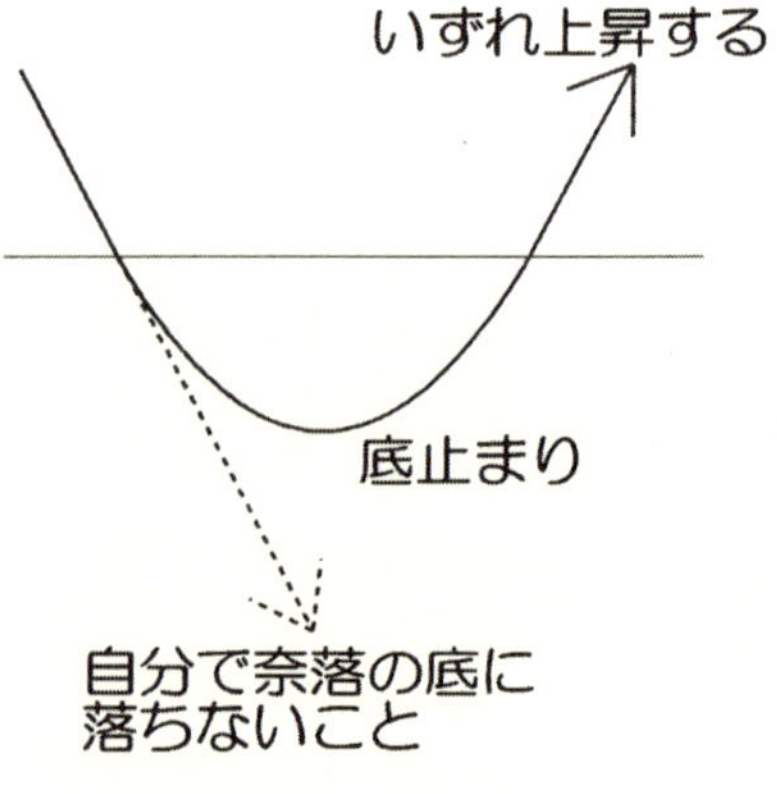

にすると、結局受け入れられるようになります。

実際に、想定した最悪のことというのはなかなか起きません。自分で想定したよりも下げ止まる場合がほとんどです。バイオリズムですから、必ず「底止まり」します。

受容するとおもしろいもので、一番底辺まで落ちず、途中で「下げ止まり」が起きます。トラブルは、自分たちの「こうなるはずだ」という前提が違うことから起きる場合があります。前提を見直して、最悪の事態にならないように、可能な対策を打つことです。

奈落の底に落ちる場合というのは、物事は下げ止まるのに、焦ったり、もがいたりして、自分で奈落の底に落ちていくのです。最悪の事態を受け入れられないため、あわてて、よくない手を打ってドツボにはまります。つまり、焦らなければ下げ止まるのに、自分で最悪の事態にしているのです。

失敗したことを受容できないで、自ら失敗をピンチ（危機）にしていっているのです。単なる失敗なのに、わざわざピンチにして、自滅してしまいます。

「私は必ず復活できる」と自分を信頼し、ねばり強く一段ずつ上がっていくことです。自分を信頼できない人が、自滅の坂道を転がり落ちます。自己信頼が危機脱出の精神的源泉です。自己信頼の育て方については、第３章で詳しく説明します。

厄年や空亡など運気が落ちている時には、挽回するのではなくて、谷底まで落ちず、下げ止まりにしていく思考をもてばよいのです。下がったら、いずれ上がります。万物にはバイオリズムがありますから、長期的視野で、物事をとらえることがポイントです。

「三次の日拝（にっぱい）」で、奇跡的に死の床から脱する

宗忠は覚悟を決めた後に、「三次の日拝」で死の床から奇跡的に脱していきます。死の宣告を受けてから、床の中で、いままで信仰してきたお天道（てんとう）さまを拝みたいと思いました。宗忠は幼い時からお天道さまを拝んでいました。太陽は美しく、明るく、大好きでした。

「死ぬ前にお日さまを拝みたいから、縁側に私をかつぎ出しておくれ」

宗忠にそう言われた家人はふとんぐるみで縁側に連れていきました。宗忠はゆったりした気持ちで、太陽神の心を味わいました。すると、胸のあたりがなんだかポカポカとしてきました。

胸の中央には、「一霊四魂」の中心である直霊（なおひ）があり、前面に幸魂（さきみたま）、背中の方に荒魂（あらみたま）があります。

日拝は本人の心神（しんしん）を癒し、活性化する方法なのです。宗忠は、お天道さまが心のしこりを溶かしてくれているように感じて、心の中から「ありがたい」という思いが湧いてきました。

「私は父母の急死を悲嘆するあまり、心が陰気になっていた。自分がこんな重病になったのは、心が悲しみ、ふさぎ込んだためだ。今からは陽気になれば、この病気もきっと治るはずだ。それこそが、自分を生み育ててくれた親の親たる神さまへの本当の孝行ではないか」

不思議なことに、この「第一次の日拝」を契機に徐々に病気が快方に向かっていきます。日拝によって、身体の解毒（げどく）が起き、宗忠は土壇場でよみがえったのです。当時、労咳から生還した者はほとんどいない時代だったので、医者も驚くしかありませんでした。

昔から、太陽を拝する日拝は〈不老長寿の秘訣〉とされ、現在でもガンや精神病、難病が好転するケースがあります。特に、心から発する病にはとても有効です。著者も開運カウンセリングにおいて、精神的な悩みを抱えている人には、具体的な対策や開運法とともに日拝を勧めています。

日拝ができるようになると、太陽の光によって雪が溶けていくような感じで、精神的な問題はだんだん解決へと向かっていきます。読者の皆さんも、「何はともあれ、まずは日拝」をモットーにするとよいでしょう。

「二次の日拝」で、天地の恩を実感する

二か月ほど経った三月一九日、宗忠は「二次の日拝」を行います。日の出の太陽の光を全身に浴びながら、はればれとした気分で、宗忠はつくづく思いました。

「ああ、お日さまは私が嘆き悲しんで寝込んでいた二年間も、一日もお休みにならず、照らしてくださったのだなあ。お日さまの光に善人、悪人の区別もえこひいきもない。本当に私は天地の恩を忘れていた。

死ぬことほど苦しい修行はない。それに比べて、生きる修行はおもしろい。生きるが太神の道だ。これからは死ぬる修行はやめて、生きる修行を始めるのだ！」

宗忠は、この当たり前の「天地自然の道理」に改めて気づいたのです。自力だけではなく、人間そのものを生かしてくださる大他力（たりき）に思いを馳せます。これが後年、天照太神のご開運を祈ることにつながります。

彼は天照太神の御神威(みいず)を体いっぱいに吸って、心身の枯れていた気を満たし、祓いをしたのです。彼の心は開け渡り、性格もさらに陽気になっていきました。そして半年後、「三次の日拝」の時に、天命直授(じきじゅ)に到ります。

ここで、宗忠の「天照太神」という表現について、述べておきます。神話や神社では「天照大御神」または「天照大神」と表記されます。宗忠は天照太神を「日月さま」とか、「日の丸さま」などともいい、大元の父母であるとします。宗忠が「天照太神」という表現を多用しているのは、太陽を意識しているためだと考えられます。また、陰陽の根本神である「太陽の大神」「太陰の大神」の「太」というイメージがあったのかもしれません。

宗忠の教えが現在、限定的なものになっているのは、彼が説く「天照太神」が日本神話に登場する神で表現され、日本の神社で祭られている日本固有の神という範疇(はんちゅう)でとらえられているからです。さらに、明治以降の国家神道における伊勢神宮と天皇家中心主義によって、より日本に限定されたような解釈になっています。

しかし、彼の「天照太神」は、天地の父母、日の大御神、日月さまと表現されているように、生命の根源的存在なのです。イエスのいう「天の父」に対して、「天地の父母」という神なのです。つまり、神話の神というよりも、天体神としての太陽神やその根本神「太陽の大神」になります。

東洋哲学の陰陽論の中に、「太陽」と「太陰」という概念がありますが、その「陽」の根本神に当たる存在を「太陽の大神」といい、「陰」の根本神を「太陰の大神」といいます。そして、陰陽調和された存在を「太一の大神」といいます。

地球上の生命はみな太陽によって生かされています。その太陽の奥の根本神を「太陽の大神」と申し上げた方がよいでしょう。

つまり、**宗忠が感得した「天照太神」は、陽の根本神としての「太陽の大神」、天体神としての「太陽神」、日本神話の天の岩戸開きに登場する「天照大神」として、多重次元に存在するのです。**宗忠は「太陽神」とともに、「太陽の大神」とも感応したと考えられます。「太陽の大神」のご陽徳をいただき、労咳から起死回生をはたし、驚異的な神通力を獲得したものと私は推察します。

本書では、宗忠が天命直授を受けた太陽神に対するご神名は「天照太神」として統一し、神社や神話に登場するご神名は通常通りの「天照大御神」「天照大神」で表記したいと思います。

「三次の日拝」で、宗忠の至誠、天に通ず

文化一一年一一月一一日、冬至の早朝、宗忠は床を離れ、お湯を浴びて体をきれいに清め、神職の衣冠（いかん）をまとい、静かに日の出を待っていました。文化一一年（一八一四）の冬至の日は、まさしく彼の三五歳の誕生日でした。冬至の日は古今東西を問わず、世界的にお祝いをする日です。クリスマスも本来、冬至の太陽祭がルーツになっています。

家人や親友の小野栄三郎も彼の後ろに坐していました。太陽は東方の空にゆっくりと現れました。この朝の太陽の美しさは格別で、その荘厳さに、宗忠をはじめ人々はひれ伏しました。宗忠は拍手（かしわで）を打ち、祈りました。そして、太陽の大神さまの神気を、胸を開いて丸ごと呑み込こうと思いました。

その瞬間、太陽神の神気のかたまりが彗星（すいせい）のように、彼の口からドーンと体内に入ったのです。太陽神の御神威が身体全体に満ちわたり、彼の全身は太陽神の神気に包まれました。

「ああ、自分は今まさに天照太神さまと同魂同体となった！　わが長年の志はここに成就

した」

宗忠の心はたとえようのない感動と、うれしさと楽しさに満ちあふれます。この時の〔天地生々の霊機（いきもの）〕を自得（じとく）した神秘体験を、宗忠は「天命直授」と呼びました。宗忠の孝行の至誠が天を動かしたのです。

「ただいま、私は畏（かしこ）くも天照太神さまから直々（じきじき）に尊い天命をいただいた。この喜びは笛を吹き、糸をしらべ、鉦（かね）をたたき鼓を鳴らして、歌い舞うとも及びがたい」

こうして、彼が段階的に天命直授に到ったことがわかります。私たち一人一人の天命も、やはり段階的になっています。宗忠は親孝行から天地の恩に行き着き、人間としてなすべき「人の道」を極めることが「神の道」に通じるということを体現しました。この「至誠、天に通ず」は、人間の志をもった至誠と、天の意志が一致していることを示しています。

冬至は易では、「陰極まって陽に転ずる」という地雷復（ちらいふく）の卦に当たります。彼の人生そのものも、さらに時代の中での天命も、この冬至（一陽来復（いちようらいふく）・地雷復）がキーワードになっています。

宗忠の青年時代からの修行は、釈尊が出家して六年の苦行を経て、そこから離れた時に大悟（たいご）したパターンと似ています。つまり、「離（り）」が必要なのです。

宗忠が大悟したのが三五歳の時であり、釈尊は三三歳、イエス・キリストも三十代前半に活躍しています。偉大な人物は二十代で修行し、三十代に一応の成果が出て、そこから本格的な活動が始まるパターンが多いようです（イエスだけは、残念ながら若くして十字架にかかったので、長くは活躍できませんでしたが）。

宗忠の体験は、親孝行という「人の道」から神人へ到るものでした。ついに天照太神と同魂同体になるという神秘体験をして、「生命の道」の体現者となったのです。

文化一一年一一月一一日の冬至で、かつ宗忠の誕生日に大神秘体験が起きたことは、最高の開運シンクロニシティ（意味ある偶然）であり、これは人間の至誠が天に通じた時に起きるのです。

これは単に人間の誠意が天（神仏）に通じただけではなく、天が人間にこういう生き方・行動をしてほしいという願いと、本人の志から発する誠の心が呼応・共鳴するということです。つまり、自力と他力が共鳴し合った結果なのです。同時に、宗忠の産土の大神さまが天命直授をバックアップしたと思われます。

宗忠の体験は、人間にとって志が大事だということを示しています。彼の「生きながら神になって、人々を助けよう」という志に、神が感応したわけです。そういう面では、宗

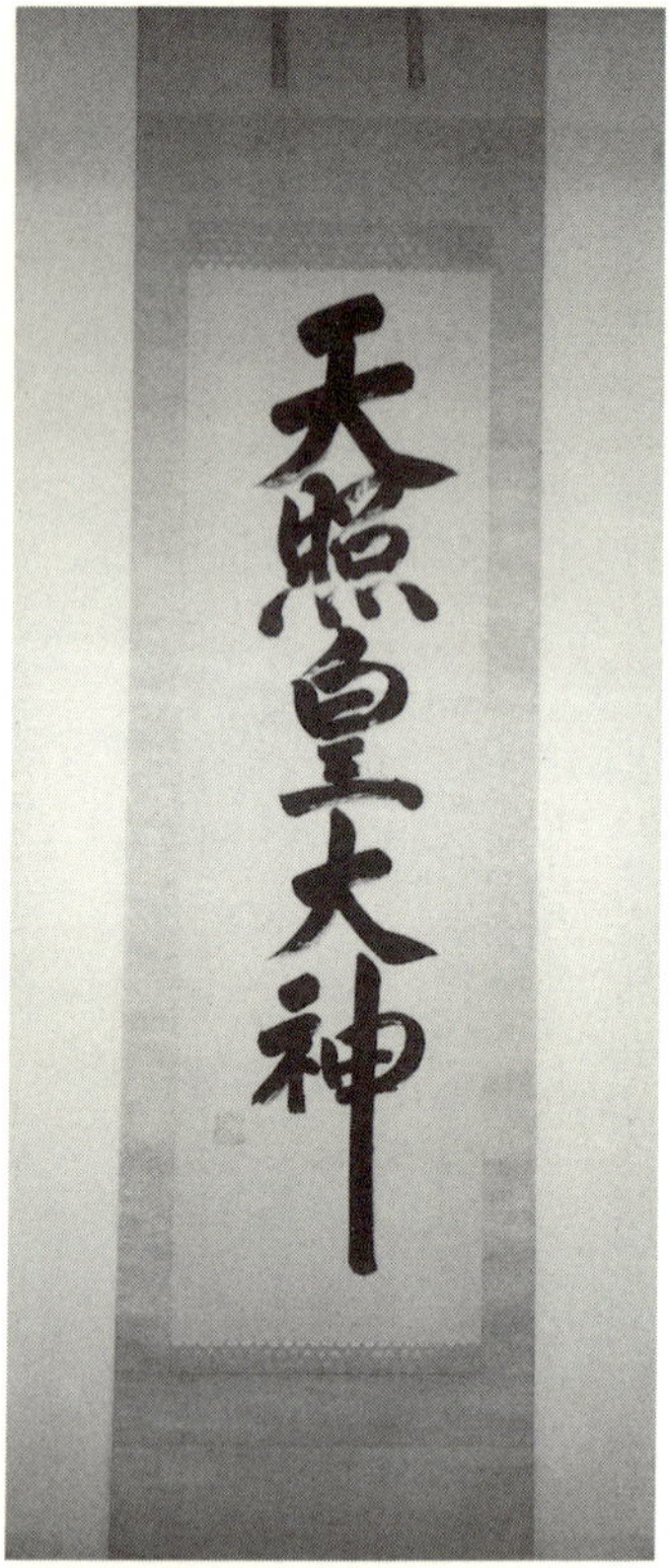

黒住宗忠直筆の「天照皇大神」の御神号（著者所有）

忠は神を動かした人といえます。

人生において成功した人は、志がある人です。青年時代は志を抱いていても、大人になっていくうちにだんだん現状に埋没してしまう人が多いのです。志をあきらめずに、夢を実現し成功する秘訣は、「成功するまでやる」ということです。人生の成功者を見てみると、志をあきらめずにやり遂げた人が成功しています。パナソニックの創業者である松下幸之助さんもそうです。

前著『太陽の神人　黒住宗忠』を出版する時の易卦は、「風沢中孚（至誠、天に通ず）」でした。著者も宗忠に倣い、それからは「至誠、天に通ず」を人生訓にしています。

平成一〇年九月、著者はまったく思いがけず、約一七〇年前に書かれた黒住宗忠直筆の

「天照皇大神」の御神号（掛け軸）を譲り受けることになりました。譲ってくださった方は『太陽の神人　黒住宗忠』を読んで、「この著者なら」と思われて、著者に連絡をくださいました。

その御神号を見ると、宗忠は書家としても気品と力強さがあり、「徳筆」といわれたことが実感できます。

危機管理は「兆しの感知と解毒（げどく）」が重要

宗忠は大病という危機を乗り越えて、大きくバージョンアップしたわけですが、人生において、最重要な技術が危機管理（リスクマネジメント）です。大病、倒産、事件、事故、離婚、大地震、大型台風、洪水など、突然のカタルシス（破局）が人生を大きく変えます。ですから、日頃から人生の危機管理能力を高めることです。「防犯・防災・防病・防禍」などの危機管理の基本は次の四つです。

①兆しの状態で感知する（感知するためのアンテナをはっておく）。
②情報を集め、解析して、対策を考える。
③すばやく対策を実行し、解毒処理をする。
④よく反省した上で、危機を教訓にして、同じことが起きないようにする。

吉も凶もすべて兆し（予兆）があります。特に「ヒヤッとした」「ドキリとした」「ハッとした」などの場合は、警鐘（シグナル）だととらえることです。兆しをキャッチしようと日頃思ってアンテナをはっていると、キャッチできます。

医者の話では、ガンも「早期発見ですぐ治る」人と、無理と我慢を重ねて「発見した時には手遅れ」という人に二極分化しているといいます。早期発見がリスクマネジメントにも重要です。

多くの場合は、「あの時、早めに手を打っていれば」と後悔します。後悔しないで〝心配〟をしましょう。心配とは「心を配る」ことであり、心配して対策を打つことです。

著者は「陰極まる前に、とっとと陽に転ず」を心がけるようにしています。

日本人は希望的観測、思い込みによって、「現状の否認」をしがちなので、現実を直視し、現実からスタートしましょう。自分に不都合な情報も含め、多方面から情報を集め、そこから対策を打つことです。

組織においても悪い知らせが早く伝わるシステムにしておきます。家族も同じです。だれでも、イヤな情報、悪い情報は聞きたくありませんが、悪い情報こそ早く知った方がいいのです。トラブルもすばやく解毒処理すると、たいしたことになりません。

トラブルの多くは、慢心とそこから出てくる油断から発生します。まず、それを謙虚に反省します。その上で、「何が問題になっているのか」「何が最も障害になっているのか」と自問自答しながら、問題点を書き出します。問題点を列挙した上で、「何をすれば解決するか」「今、自分は何ができるか」と自問自答しながら、解決策を列挙します。

その中から、すぐに実行できる対策をピックアップします。そして、「自分は問題を解決できる」と自己を信頼し、対策をどんどん実行していけばよいのです。

現在、日本人の中で、うつ病が急増しています。うつになりやすい人は、「あるべき理想に現実を当てはめよう」とします。しかし、理想と現実はギャップがあり、そのギャップに悩むのでしょう。義務的理想像と自分や相手を比べて、そうでないことに失望するわけです。

これでは発想が逆です。すべては現実からスタートすることです。そして、**「今、自分がいる環境や立場を認め、受容し、現実から理想に向かって少しずつ近づけていく」というステップアップ思考が大切です。**実は現実を直視したくない人が、問題を大きくします。

志（心指し）とは、理想に向かって現実を改良して、ステップアップしていこうとすることです。開運のためには「自分を信頼し、感謝して、心に栄養をいつも与える」ことであり、それが行動力の源泉になります。

神人合体から「神人合一」へ修行する

さて、天命とカルマ（業）は陰陽関係になっています。人生にさまざまな問題が起こるのは、本人の現世だけでなく、前世・先祖のカルマと関わりがあります。そして、それは同時に本人の人生の目的である天命と表裏一体になっているのです。

宗忠は自分が病気を克服した体験から、必然的にヒーリングが得意になりました。病気を克服した人物は、病気治療を特技にするものです。聖者といわれる人の場合、自分が苦しんだもの――病気とか精神的な悩みなど――を克服すると、立教（りっきょう）した後に自分が克服したものを特技にします。

　ここで、宗忠が神人合体から、「神人合一」に到るまでを〝サニワ的視点〟で述べていきます。宗忠は三五歳の時に天命直授を受け、天照太神と同体になるのですが、完全に合一したわけではありません。宗忠は、「人間の自分と、中にいる神がピタッと一致しない。自分の境地と行いが一致しない」と悩みます。

　天照太神といっしょだという大きな自覚があったのですが、実際に人間として行動を起こす時には、天照太神として行動ができないわけです。そこで、心と行動を一致させようと修行します。これは宗忠の向上心から発しています。

　心理学的にいうと、顕在意識があって、個人的無意識があって、集合的無意識があって、時空超意識があって、神意識（一霊四魂、ご分心）があります。宗忠の場合、神人合体にはなったけれど、融合はしていなかったのです。そこで、差をだんだん縮めていく修行が必要になります。

　宗忠は悟後の修行として、一日に数千回祝詞を唱えたり、五社参り、千日参籠など本格的な修行を開始します。四四歳までの九年間の修行によって、「我すなわち天照太神なり」という境位に至ります。つまり、ここで神人合一になったわけです。

自分が天照太神か、天照太神が自分か、という境（差）がなくなります。それが本当の意味での悟り（差取り）になります。大悟の後からが始まりなのです。だからこそ、帰天してから神として働けるようになったのです。

神道霊学では、神人合体した人間を「半神半人」といい、神人合一した人間を「神人」といいます。神秘体験によって「半神半人」になった人は少なからずいますが、そこから「神人」に至った人物はあまりいません。

「悟後の修行」が大切なのです。悟ったら終わりではなくて、常に成長していくために、悟った後からが本格的な修行です。

禅では、「大悟数回、小悟数知れず」といいます。何か悟ったり神秘体験をしただけで、「自分は悟った」「解脱した」と豪語する人がいますが、そういう慢心を起こすことを「悟り天狗」といいます。そのレベルで満足してしまうと、「野狐禅」になってしまいます。

常に向上心をもっていれば、人間は何回も悟るものなのです。大きな悟りは数回、小さな悟りは数知れず、この積み重ねの中に〔本来の面目〕が出てきます。仕事やビジネスでも、現状に満足した瞬間に、実は後退が始まります。停滞ではなくて、だんだん後退していくのです。腐敗は停滞から始まります。常に自己改革、向上心を忘れないことです。

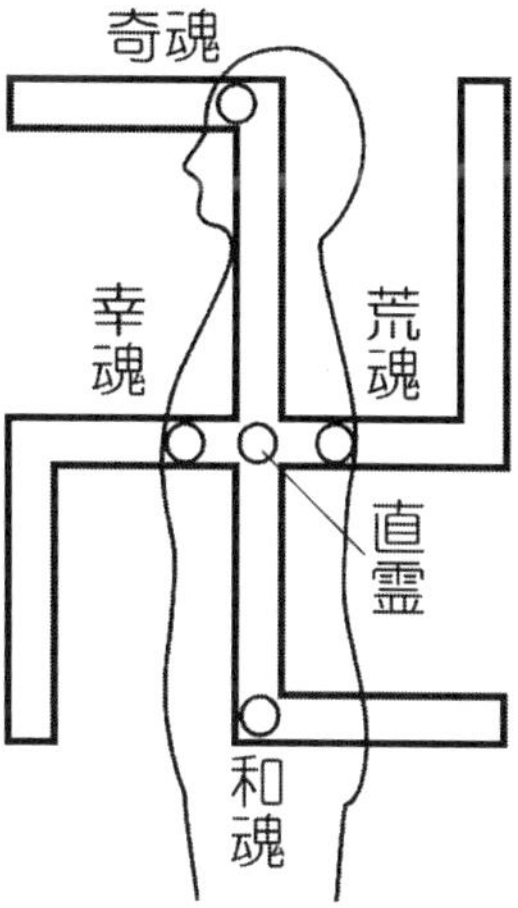

宗忠は晩年になると、老衰のために再び雑念が湧いてきます。

「年をとってくると、時々、祈願をしていても、心中へ何かスイスイと雑念が湧く。これは老衰のためだと思われる。けれども、また御蔭にてもとのように、中年壮年の時のように立ち直り、無我無念に到りたいと思う」

このように正直に文章に書いており、晩年になっても向上心をもっているところが、宗忠の偉大さだと思います。

人生において、「向上心」「成長」という心をもち続けることが最も大切であり、常に向上心があれば、慢心にはなりません。慢心とは自分はまだまだ成長するという志をなくした時に、出てくるものです。その慢心が人生をつまずかせる原因になります。

そして、黒住宗忠が神のご開運を祈るようになったのは「我、すなわち天照太神なり」となった時です。彼にとって、天照太神さまのご開運をお祈りすることは、自分自身の開運を祈ることでもあったのです。

吉田神道には「運身（うんしん）」という言葉があります。宿命・運命が身体に宿っているということです。私の長年の研究では、人間の一霊四魂は身体内に卍状にあり、特に胸に重要な直霊（なおひ）・荒魂（あらみたま）・幸魂（さきみたま）があります。そして、その周辺に「宿命・運命の核」があります。まさしく運身の中心はハートにあるわけです。

それを踏まえると、宗忠が心を痛めて肺結核になり、それが日拝によって、胸やお腹いっぱいにご陽徳をいただくことで、奇跡的に快癒したのは納得できます。

また、宗忠が天照太神と合体したというのは、胸の中央の「直霊の座」に天照太神のワケミタマが鎮座されたということです。つまり、宗忠の直霊と天照太神のワケミタマが並列している状態になります。自分と天照太神に分離感があったのは当然でした。

そこで、神人合一のために千日参籠修行や早朝の五社参りなどを行い、九年にして、直霊と天照太神のワケミタマの融合（フュージョン）が起きます。これが「我、すなわち天照太神なり」という境地であり、宗忠が完全に神の力をもち、まさしく神人となったわけです。神になった宗忠は「宗忠大明神」と崇められ、霊験あらたかなことから皇室の勅願所にまでなりました。

朝日を拝して、天界へ帰る

「人間は生きたように死んでいく」という格言があります。その人の生き方は死に方にも反映されるということです。

宗忠が帰天（死去）する数日前に、四高弟の一人である河上忠晶が見舞いました。

「ご気分はいかがですか？」

と聞いたところ、宗忠は次のように答えました。

「岡本りんの歌の気持ちである」

それは当時たびたび講釈にも出た歌で、門弟たちにはすぐわかりました。門人の一人・岡本りんが、ある年の暮れに次のような歌を詠んだのです。

何事も神に任せて世に住めば
いと心地よき年の暮れかな

添削を頼まれた宗忠は、次のように添削しました。

何事も神に任せて世に住めば
いと心地よき今日の暮れかな

宗忠はその歌のことを指して、死の床における心境の説明に代えたのです。

宗忠は嘉永三年（一八五〇年）二月二五日の日の出の時、天照太神と祖霊を拝し、天界に帰しました。時に七一歳でした。

東を向いて、日の出の太陽を拝した後に帰天するとは、宗忠らしい死に方といえるでしょう。著者は宗忠のような見事な死に方にあこがれてしまいます。

ちなみに、宗忠は吉田家から神職免許をいただきました。「生きながら神になろう」という志のきっかけも吉田兼倶の著書であり、昇天後に吉田家から「宗忠大明神」の神号をいただき、吉田神社の境内地だったところに宗忠神社が建立されました。『黒住教幽冥談』の松太郎をサニワしたのも吉田家でした。東郷平八郎元帥との縁といい、「良い縁がさらに良い縁を結ぶ」という縁尋の機妙を深く感じます。

第３章

人生の達人・宗忠が示す「道の理（ことわり）」で、明るい人生を味わう

宗忠の生命哲学のダイジェスト「道の理（ことわり）」

「道の理（ことわり）」は、宗忠の高弟の星島良平という人が書きました。これは宗忠の生命哲学のダイジェストともいえるもので、明るく温かい人生を味わう秘訣が説かれています。この章では、この「道の理」を通して、宗忠に学ぶ「人生を味わう秘訣」を詳しく述べていきましょう。

〔道の理〕

およそ天地の間に万物生生する其元（その）は皆天照大御神なり　是（これ）万物の親神にて
其の御陽気天地に遍満（みちわた）り　一切万物光明温暖（ひかりあたたまり）の中に生生養育せられて息（やす）む時なし
実に有り難き事なり　各（おのおの）体中に暖気（あたたまり）の有るは　日神より受けて具（そな）えたる心なり
心はこごるという義にて　日神の御陽気が凝結（こりこご）りて心と成るなり　人慾（にんよく）を去り
正直に明らかなれば　日神と同じ心なり

心は主人なり　形は家来なり　悟れば心が身を使い　迷えば身が心を使う　形の事を忘れ　日神の日日の御心に任せ　見るも聞くも一々味わい　昼夜有り難いと嬉しいとに心をよせ　御陽気をいただきて下腹（したばら）に納め　天地と共に気を養い面白く楽しく　心にたるみ無きように　一心が活きると人も活きるなり　生きるが大御神の道　面白きが大御神の御心なり

教（おしえ）は天より起り　道は自然と天より顕（あら）わるるなり　誠を取外（とりはず）すな　天に任せよ我を離れよ　陽気になれ　活物をつかまえよ　古（いにしえ）の心も形なし　今の心も形になし　心のみにして形を忘るる時は　今も神代（かみよ）　神代今日（じんだいこんにち）　今日神代　世の中の事は心程（ほど）ずつの事なり　心が神になれば即ち神なり

それでは一つ一つ説明していきましょう。

「およそ天地の間に万物生生するその元は、天照大御神なり。これ万物の親神にて、その御陽気天地に満ちわたり、一切万物光明温暖（ひかりあたたま）りの中に生生養育せられて息む時なし」からです。

天照太神は生命を生かす神だととらえられています。生生（生成）する、イキイキ生きると、生きるという字を書いているように、生命の思想です。ご陽気は天地に満ちわたっています。それを自覚すると、ご陽気が満ちてきます。本来はご陽気が満ちわたっているのですが、人間は自分でシャットアウトしているわけです。

光明と書いて「ひかり」、温暖と書いて「あたたまり」と訓ませています。明るくて温かいのです。同じ光でも、厳しいものもあり、寂光のように淡い光もありますが、宗忠は温まりの光なのです。太古からずっと、イキイキと養われ、育てられてきたのです。始まりもなく、終わりもない光で、「実にありがたきことなり」です。

人間は陽気を受けた存在なので、「ヒコ（日子）」「ヒメ（日女）」という言葉が名前をつける際に使用されます。人は「ヒト」（日止）です。太陽の陽気をいただいているから、体温があるのです。生命力が落ちると、体温が下がります。身体の冷えによって自然治癒力や免疫力が低下して、病気も出てきます。

宗忠は「人は陽気ゆるむと陰気つよるなり。陰気かつ時はけがれなり。けがれは気枯にて、大陽の気を枯らすなり。そのところから種々いろいろのこと出来するなり」と説きました。

「冷え」は万病の元です。運動が健康によい理由の一つは、体を温めるからです。温かいという現象は生命運動が盛んだということです。動物はもちろん、植物も適当な温度がないと育ちません。

万物の元の神さまが、人間の中におられます。日拝して、天照太神さまのご陽徳をいただくわけですが、自分の体中にもご陽気があるわけです。ケガレとはご陽徳が枯れている状態です。

だから、日拝する時は自分の中のご陽気と、外の日の神さまを感応させればいいのです。御陽気を「いただく」だけではなくて、自分の中の光明温暖りの、日の神より受けて備えた心と、内なる心を交流させるというイメージで行うとよいのです。

「心」を温めると、温かい人生になる

心にも温度があり、自分の中の光明温暖りの神さまがいます。心が冷えている時には、日拝で自分の心を温めればいいでしょう。

宗忠は「心はコゴルという義にて、日の神の御陽気が凝りこごりて心となる」と言っています。心が冷えている人は、お天道さまの日拝でその冷えを温めるとよいのです。

近年、うつ病が増加していますが、うつ病も心の冷えから起きていると著者は思っています。「心の冷え」が寒々しい人生をつくります。宗忠が提唱する「ありがたし」という言葉をひたすら唱える感謝の行は、自分の心を温める方法です。それは、人生を温かくする〔心と人生の温熱療法〕でもあります。

宗忠が労咳にかかったのも、自分の心を痛めたからです。それが正しいことでも、心を痛めないことが肝要です。前述のように、「木・火・土・金（ごん）・水」の五行でいうと、寂しさ、悲しみ、寂寥感（せきりょうかん）が胸（金）の病気の引き金になります。親を失った悲しみによって心が凍え、日拝を行って光明温暖りになることによって、凍えた心がだんだん温かくなり、労咳が治ったのでしょう。

自分や相手を責めたり、卑下（ひげ）したり、否定すると心を痛め、心を冷やします。心が寒くなると、思考力と行動力がダウンします。自己否定・他者否定をすると、人生がだんだん衰運に向かいます。自分と相手を認め、ねぎらい、なぐさめ、励まし、ほめるのは、両方の心を温め、大切にする行為です。自己肯定・他者肯定はポジティブなエネルギーを生み出し、豊かさをもたらします。自己肯定・他者肯定は自己信頼から起きます。

皆さんが何事かを判断する時、「それが自分の人生を温め、イキイキさせる行為か」「相手の心や人生を温めている行為か」という視点で考え、行動していくとよいでしょう。「今の自分の心は何度かな」と自問自答して、心と人生が冷えていたら、宗忠の方法（日拝、感謝の行）を行ってみてください。

宗忠の講釈に参加した多くの人たちは、温かさを感じました。彼の中の天照太神が周囲を温めたのです。皆さんがだれかと会って話をする時にも、「自分の心が温かくなるかどうか」が、付き合う人物を判断する基準の一つになります。心が温かい人、運のいい人は温かい気を発しています。そういう人と意識的に付き合うことです。そうすると、〈幸運のおすそ分け〉をいただけます。

逆に、自分の心が冷えたり、寒々しくなったり、やる気をなくすような人たちからは、なるべく離れることです。また、どんなに力がある人でも、その人と会うと恐れや怒りを覚えたり、自分の心が不自由になる人とは、距離をおいた方が無難です。

心の神を大切にして、自分を輝かせることで、周囲を明るくする

宗忠は「心の神を大切にする」ことを特に説いています。宗忠は「祈りは日（ひ）のり也（なり）、日

と倶にの義也」と言っています。祈りが「心の神」というべきご分心を養う一番大切な修行だからです。

「一心満るときは邪の入る所なし。さすれば、いよいよ天照太神の分身ご安泰、まことにここが例の開運のところなり」

この一心満つるというのは、感謝に満ち、喜びに満ち、楽しさに満ちている姿です。仕事に熱中した時や楽しい集会に参加している時など、楽しさに時間を忘れて、一時間ぐらいと思っていたら三、四時間も経っていた、という経験のある人は多いでしょう。

農業の達人たちは、作物が今、何を欲しているかがわかるといいます。草花と対話しつつ、水をやり、肥料をやる時、作物と一体となっているからです。

さて、著者は開運カウンセリングをしていて、「家族（子ども、配偶者）が自分の言うことを聞いてくれない」という相談を受けることがありますが、それは本人が家族から信頼されていないケースが多いのです。「自分のことは置いといて」という思考の人はうまくいきません。むしろ、「家族に信頼される自分になる」ことを目標にして、自分のレベルアップをはかることです。

人間は相手によって、対応を変えるものです。家族から信頼される人間になると、自然と相手が相談してきますし、自分の言うことに耳を傾けてくれます。そのためには、まず、自己を信頼できる人間に育てていくことが、家族から信頼される近道なのです。

天地自然の道理に、「類は友を呼ぶ」という波長同調の法則があります。自分の心のルクス（光度）に応じた環境が自然と集まってくるのです。逆に考えると、自分の心のルクスを上げて輝かせると、自分の周囲は自然と明るくなってきます。

宗忠は自らが太陽になって、周囲を明るく照らし、人々の心をあたためました。同じように、**自分がまず光源になって、周囲・環境を明るくしていくことです。明るい心の人間の周りには、明るい心の人たちが集まってきます。**また、自分の明るさに応じて、自分の人生も周囲の環境もステージアップしてきます。

宗忠は「正直に明らかなれば、日の神と同じ心なり」といいます。自分の中の日の神さまの心を表に出すために修行をするわけです。一霊四魂の中心に直霊（なおひ）があります。正直に明らかなれば、清浄で光り輝く直霊（ご分心）があらわれてきます。

迷いはわが宝であり、味方である

本来は「心は主人なり、形は家来なり」ですが、家来の方が上になっている人が多いのです。形にとらわれているというのは、主人が家来に使われていることと同じです。

「悟れば心が身を使い、迷えば身が心を使う」

人間は形や目に見えるものに迷うものです。悟るとは、「心が主人で形が家来」であるとわかることです。自分が主人なのです。

「世の中の迷いというものに、人は惑わされて、種々苦しむことなり。しかし、その迷いというもの、この上もなき宝なり。なくてはならぬ神の賜(たま)ものなり。この迷いというものは、わが味方ともなり、また敵ともなるものなり。ただ心の用いよう、使いようにて、いろいろになるものなり」

宗忠は「迷いはこの上もなき宝であり、なくてはならぬ神の賜ものである」と説いています。迷いがあることで、人間は成長します。すべてを活かす、味方にするのが、彼の生命哲学の真骨頂です。

「天地の間に、何一つ捨つるものはなし、皆道具となるなり」

心が活きれば、迷いも宝となります。

「もし世に迷いと見ゆるものなきものならば、世は実に、空々寂々ならん。よって迷いに落ち入らず、迷いをさとって、生き通しの道具に使うべし」

と、迷いの積極活用を説いています。

世の中に迷ひの有るこそ宝なれ
迷ひなければさとることなし

迷ひほど世に面白きものはなし
迷ひなければ楽しみもなし

宗忠は、人間の性（さが）を次のように説きます。

「無事安穏（ぶじあんのん）は常に人の神仏に祈る事である。されば、今日無事安全の人は念願成就の場にして、有難目出（ありがためで）たき事である。しかし、無事に居ては無事を忘れて常となり、たまたま病おこれば、その病を忘れる事ができない。常には手足の働きをも忘れているが、病にふしては手足の働きがたきを覚える。

常の目出度（めでたき）を目出たしとしないで、また常の有難きを有難しとしない。それゆえに、常ならざる時は大いに苦しがるものだ」

四高弟の一人・時尾宗道（ときおむねみち）は次の一首を示します。

折り折りは　かかる悩みのありてこそ
事なき常の　有がたきぞ知れ

時々の悩みがあることで、日々平穏無事であることがありがたいことなのだと自覚できるといいます。まったくその通りです。まずは、日々が平穏無事であることを「神・仏・先祖」に感謝することです。実は日々平安であることが、神仏の一番の守護（おかげ）なのです。

「おかげ様で、ありがとうございます」という福を招く言霊は、「神・仏・先祖」の守護に対する感謝の言葉です。何か起きた時に「苦しい時の神頼み」をしてもけっこうですが、日頃から、毎日の平安を守護のご存在に「おかげ様で、ありがとうございます」と感謝することが信仰の基本となります。

人生は料理のように味わうもの

「見るも聞くもいちいち味わう」というように、人生を料理としてとらえる考えはとてもユニークです。辛い、甘い、しょっぱいとか、いろいろな味があるのが料理です。料理のように味わいのある人生にするということです。

人間というのは、いいことはずっと続いてほしいと思うものです。しかし、いいことも悪いことも、つらいことも楽しいことも、いろいろあるのが人生です。人生も「万物」なのです。だからこそ、「わが人生のご開運」を祈るといいのです。

宗忠は「ありがたい」「おもしろい」「うれしい」を大切にしました。宗忠の有名な歌で、三つの「き」で、みき（御酒）にかけています。

有かたき又面白き嬉しきと
みきをそのうぞ誠成けれ

これはある家を訪ねた際、神棚に供える御酒がなかったので、宗忠がこの歌を短冊にして御酒の代わりに供えたというエピソードに由来します。宗忠はユーモアのセンスもあったのです。

心がイキイキとすることが、うれしいという感覚です。「うれしい」という感覚が多い人生はいいものです。うれしいという感情は、自分が何か行為をした時に起きます。受験で合格した時、自分が一生懸命勉強したから、うれしいという感情になります。勉強しなくても通るところだったら、必ずしもうれしいわけではありません。自分が一生懸命やって行動した時にこそ、うれしいになります。

「うれしい」という言葉の逆に、「憂える」があります。「憂える」には行動がともなっていません。憂い多き人は、頭の中だけで先のことを心配しがちです。

行動を起こさなければ結果は見えてきません。心と体が調和した時に、「うれしい」となります。ミタマが喜んでいるから、うれしいのです。

「うれしい」という言葉を言霊（ことたま）として発すると、うれしいことが多い人生になります。うれしいことが重なると、それをやるのが楽しくなってきます。

　宗忠が天命直授になった時は、

「笛を吹き、糸をしらべ、鉦をたたき鼓を鳴らして、歌い舞うとも及びがたし」

というほどのうれしさと楽しさに満ちあふれたものでした。

　宗忠はこの時に、「天地生生の生き物を自得した」とあります。生き物をとらえたから、うれしいわけです。うれしいの中には、「ありがたい」という感謝の気持ちも含まれます。うれし泣きをすることがあります。泣くのは心の発動です。そういう面では、うれしさを自分の行動基準にするとよいでしょう。

「御陽気をいただいて下腹におさめ、天地とともに気を養う」とは、気を養い、丹田（たんでん）を鍛えることです。軸を定め、重心を下に下ろします。気が枯れているのは、気を養っていないからです。心がたるむというのは弛緩（しかん）することです。たるんでいると、不満の多い人生になります。命が発動している時に、うれしい人生になります。

　人生には「捨てるものなし」です。すべてを活用し、活かし上手になることです。苦労から抜けることを「活路を見いだす」といいます。「どう活かすか」と創意工夫することが、

「活きる」になります。

「生きている人」は多いのですが、「活かしている人」は少ないのです。人生も活かすということです。活かすとは、命をただ生きている状態から、積極的に命を動かすことです。自分の命を最大限に活かすのが天命になります。

人間の生命を生かしてくださっているのが天照太神で、その生命を活かすのが人間の生きる道だと宗忠は言うのです。「活きる」になった時に、おもしろい、ありがたいという感情になります。ただ生きているだけだとそうなりません。おもしろき、うれしき人生になるよう活かせばよいのです。

生命を生かしているのが神の道、おもしろき人生に生きるのが神仏の御心なのです。人間がイキイキと活きていると、神仏もうれしいのです。すると、神仏自身もイキイキとします。人間がイキイキ生きる姿が、神仏の喜びとなり、それを見たいがために、神仏は人間を生かし、守護しているのです。

いくら神仏を熱心に拝んでいても、暗く、イキイキとしていない人は守護が少ないのです。イキイキと生きている人間の方が、神仏もうれしく、護（まも）りやすいのです。

親孝行の基本は、子ども本人が幸せになり、親を安心させることです。子どもがイキイキと生きている姿が、親にとってもうれしいのです。第一の親孝行は、親に心配をかけないことです。肉体上の親に対してだけでなく、ミタマの親である神仏に対してもそうです。「天は自ら助くる者を助く」といいますが、天はイキイキと生きている人を応援したいのです。生き甲斐をもって人生を味わい、人生をおもしろくさせる創意工夫をすることです。

「大いに喜び、うれしがること」が開運につながる

人間の感情で、神仏が好感をもつのは、「陽気でうれしい」です。①「陽気である」という温かい感情、②「ありがたい」という感謝、③「うれしい」という歓喜、④「楽しい」という心躍る状態、⑤「おもしろい」の五つのプラスの感情です。神仏から好かれるためにも、意識的に五つの「開運感情」をいだくようにすることです。

「おもしろい」というのは、探究心や好奇心が前向きに出ている姿です。陽気とうれしいは表裏一体です。うれしく、陽気でおもしろく生きて、ありがたいと感謝できる人間を、神仏は喜んで守護します。

宗忠は少しの出来事にも、とても喜ぶ性格でした。彼が古びた袴をずっとはいているの

をみかねた門人が、新しい袴をプレゼントしました。宗忠はさっそく新しい袴をはいて、大いに喜び、子どものようにはしゃぎました。それを見た門人たちはほほえましく思い、心が温かくなったということです。

著者は開運法として、「大いに喜び、うれしがる」ことを勧めています。開運するためには、多くの人たちからのサポートが必要です。開運している人を見ますと、だれかに何かをしてもらったり、プレゼントをもらった時に、とても喜び、うれしがります。相手はそれを見て、「またしてあげよう」「またプレゼントしようかな」と思うものなのです。

神仏に対しても、少しでも加護や後押しをいただいたら、「おかげ様で、ありがとうございます」と感謝して、大いに喜ぶことです。そうすると、神仏も「もっとしてあげよう」と思います。

「おかげ様で、ありがとうございます」と感謝して、神仏のご開運を祈り、大いに喜ぶ人間だったら、神仏も喜んで守護やバックアップをしてくださるというものです。

宗忠は「宗忠大明神」という、人間にとっては破格の神号をいただいています。ほかにも、死後に「豊国大明神」となったのが、天下人の豊臣秀吉です。秀吉は農民から天下人になった人物ですが、その才覚とともに「人たらしの秀吉」ということで、相手の心をつかみ、自分の味方を増やしていきました。そして、笑顔と愛嬌、とても喜ぶ性格が異例の出世につながりました。

主君の織田信長は気難しく、家来に過酷なことを強いたため、部下から次々に謀反（むほん）を起こされ、最後は明智光秀に本能寺で殺されることになります。その信長でさえ、木下藤吉郎（後の豊臣秀吉）がちょっとのことでも大喜びして、大げさにうれしがるのを見て、次々に昇進させていきます（ただし、豊臣秀吉は天下人になってからは向上心をなくし、慢心して、朝鮮出兵など無用な侵略戦争を起こしました。慢心こそ人生で、戒めるべき最大のものです）。

幕末の英雄である坂本龍馬も、笑顔と愛嬌が魅力で、素直に喜び、うれしがる性格でした。勝海舟は龍馬のうれしがる顔を見て、いろいろ便宜をはかってやります。坂本龍馬の才能と人間性によって、薩長連合が成り、大政奉還につながります。

皆さんもだれかに何かしてあげた時、その人がとても喜んでくれたら、「また、してあげようかな」と思いますよね。大いに喜び、うれしがり、笑顔になるのは一種の人徳になります。したがって、**意識的に「大いに喜び、うれしがる」ことは、「神仏のご開運を祈る」こととともに、開運にとても効果があります。**「大いに喜び、うれしがる」ことを開運の習慣にすると良いでしょう。
著者は宗忠の道歌（和歌に教えを託したもの）で、次の歌が最も好きです。

日日（にちにち）に朝日に向かひて心から
　限りなき身と思ふうれしさ

宗忠はこの歌で、人間には限りない可能性と能力があることを示しています。そして、それをうれしく思っているのです。人生がうまくいっていない人は、「自分はこんなものだ」「どうせ自分はダメだ」と勝手に自己限定してしまいがちです。「自分には無理だ」「頭が悪いから」「自分にはできっこない」と自分自身に見えざる壁をつくっています。
これらは〔卑下慢（ひげまん）〕と呼ばれる一種の慢心です。人間はご分心をいただいた存在なのに、自分自身を否定するのは神仏に対して失礼なのです。

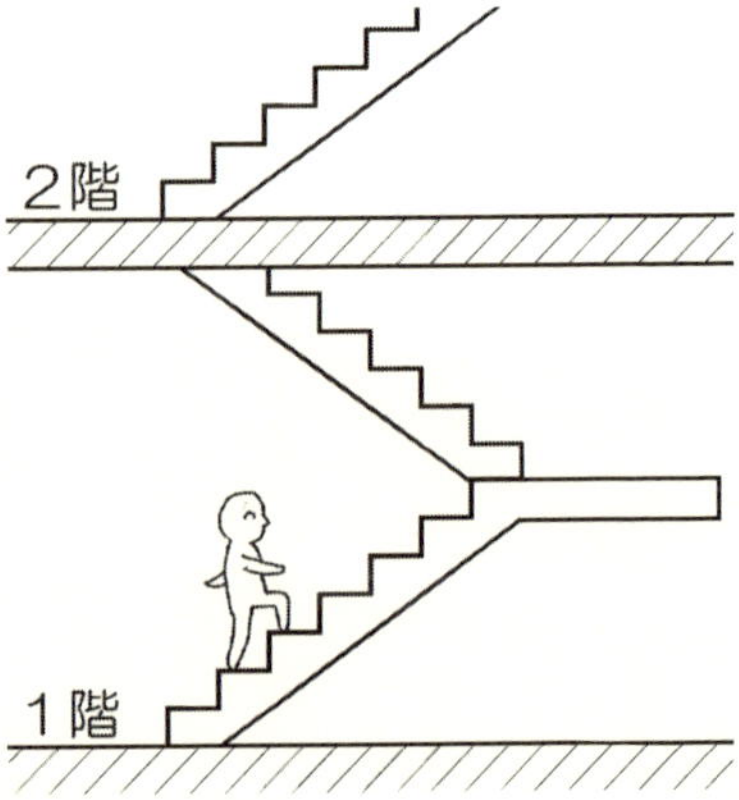

そもそも肉体には限界がありますが、精神・芸術・経済的分野には限界はありません。人間が一〇〇メートルを五秒で走るのは不可能です。これはできないことです。しかし、「タバコをやめることはできない」「朝早く起きられない」というのは、できないのではなく、〔やらない〕だけのことです。自分がやらないだけなのに、できないと思っている人が多いのです。

「私には限りない可能性がある」と認識し、確実に階段を上っていく感じで人生を歩んでいきましょう。一階から二階に、ピョンと跳び上がることはできません。階段を一歩一歩上っていくことです。階段がなかったら、自分で階段を作ればよいだけです。途中でくたびれたら、踊り場で休み、疲れが取れたらまた上ります。

宗忠は「道の極意」について、次のように述べています。

「心くもる時は迷いなり。迷いの中には、鬼（おに）も蛇（じゃ）もおり申し候。まことに恐ろしきは迷いなり。心明らかなる時は、すなわち天照大御神わが一心にあらわれ給いて、運をそえ給うこと疑いあるべからず。ありがたし、ありがたし、ありがたし」

そして、一首を示します。

有り難や　あら面白(おもしろ)や面白や
　心の雲のはれわたるとき

彼は「ありがたし」という感謝の言葉をたくさん言う「感謝の開運行」を提唱しました。いつも「ありがたし」と言っていると、言霊のパワーで、本当にありがたい人生になっていきます。著者は「おかげ様で、ありがとうございます」を口グセにすることを勧めています。

また、宗忠は自分の体験から、心を傷めないということを特に説きました。そして、彼は自分の心も傷めないように心がけ、その心を養う生き方をしていました。

王陽明の「知行合一(ちこういつ)」を宗忠は実証した

宗忠の思想をみていくと、私は中国・明代の思想家である王陽明(おうようめい)（一四七二〜一五二八）を想起してしまいます。

陽明はケガから肺結核を発症しました。その後、無実の罪で左遷(させん)され、苦難の中で龍(りゅう)

場(じょう)という場所で神秘体験が起きて、大悟します。これをその場所の名をとって、「龍場徹悟」といいます。

そして、「心即ち理」「知行合一」を提唱しました。霊的な世界から観ると、王陽明という人は黒住宗忠と非常に似ているのです。宗忠自身も肺結核になって、神秘体験の末に天命直受を受けて講釈を始めました。

天風(てんぷう)哲学（心身統一法）で知られる中村天風先生も重い結核を患い、ヒマラヤでのヨーガの修行によってよみがえりました。肺の病から、精神的な世界へ向かう人が多いのです。

陽明は「心即ち理」と喝破しました。陽明学では、「人間の内にこそ理がある」「心すなわち理である」と説きました。この理とは天地自然の道理です。道理は、人間の中にあるのだということです。

そして、「致良知(ちりょうち)」といって、「先天的に人間に内在している良知を徹底的に究め拡充していけば、本来の良知が心に顕現し、日常生活において、日々新たな境地が開かれる」と陽明は説いています。この良知は、宗忠のご分心、古神道の奥義である自神拝に近いものです。外に真理を求めるのではなくて、内側にこそ本来の理(ことわり)があるということです。

宗忠も同じようなことを説き、道歌を残しています。

楽しむも又苦しむも心から
かつて次第の浮世成らん

「かつて次第の浮世成らん」とは、心の活かし方によって、自分が思ったような人生にすることができるということです。

陽明学の一番の特長は「知行合一」です。「知ることは行うことのはじめであり、行うことは知ることの実成であり、それは一つのこと」と説いています。「知る」ということは、それを行ってはじめて、「知った」ということになります。

また、行っていくことは「知った」ということの実成、つまり、行動とはそのまま知ったことの実りということです。宗忠は生涯、この「知行合一」の実践者でもありました。

そして、王陽明は人間の最大の病気が驕りだと喝破しました。宗忠も慢心を強く戒めています。慢心になると、成長も止まり、人生の無用な苦しみが増えます。ですから向上心と感謝、謙虚さが大切になります。

心を痛めず、心を強くする

宗忠は「心を強くすることが大切だ」といいます。池田千代蔵は多くの高弟の中にあって、何事にも泰然自若として、鎮魂の修行においては第一人者といわれた有名な人です。はじめは苦労性で、少しのことにもビクビクするところがありました。自分でもその点をたいへん残念に思って、宗忠の門人になってから、だんだんとその欠点を矯正する修行をしますが、心配性はなかなか直りませんでした。

ある時、宗忠の前に出て教えを請いました。

「私はどうも物事が苦になって困りますが」

すると、まだ全部言い終わらないうちに、宗忠がいつもの温顔愛語と打って変わった厳然たる態度、りんとした声で、一喝しました。

「ものが苦になるようなことで！」

あたかも百雷が一時に頭上に落ちてきたような感動に、千代蔵は思わず畳の上にひれ伏しました。「小さなことを苦にして、どうするのだ！」と宗忠に喝を入れられた瞬間、多年の神経過敏、生来の臆病が消しとび、その後すっかり物事が苦にならぬようになり、「大胆不敵の池田」と呼ばれるまでになりました。

宗忠の一言が、生涯にわたって池田を活かし、一個の強い人格を形成したわけです。

「人たるものは、大丈夫ならでは、何事も成就しがたし。悪人の悪事をするは道を知らざるが故なり。道を知って悪事を止まれば、強剛のみ残りて、一際世の助けともなるべきものなり。石川五右衛門のごとき強きものはうらやまし」

宗忠は、天下の大泥棒である石川五右衛門の心が強い部分だけは評価しています。方向がマイナスの方に向いているから悪人になっているのであって、方向さえ変えればりっぱになるというのです。善悪とは、そういう意味では「方向性」の問題なのでしょう。

「大丈夫になるも、柔弱になるも、生まれつきの違ふには有るべからず。とかく幼稚の時よりみたまをいためさせず、強剛をたすけ柔弱を取らぬようにあるべし。

肉体の強弱はだれも知ることなれども、心の強弱は人の知ること稀なり。肉体は影なり。心は本体なり。この本体たしかならざれば、何事も成就しがたし。艱難にもよく堪え、貧苦にもよく安んじて、艱難貧苦または病気などをも楽しむぐらいにこそありたい」

宗忠が指摘する通り、生来心が強い人も、心が弱い人もいないことを、著者は開運カウンセリングをしていると実感します。心の弱い人は自分を責めたり、自分を否定したり、心を痛めて、弱くしているのです。心が強い人は自分をねぎらい、認め、励まし、ほめて、心に栄養を与えて、心を自分で強くしていっています。

心を強くするには、自己を励まし、ほめて、自己信頼を育てることです。疲れた時は、「お疲れさま」と自分をねぎらい、いたわりましょう。そして、「自分を信頼し、人生に責任をもち、自分の人生を創っていくのだ」とはっきり決意することです。

自己信頼が高まれば、心が強くなります。いわゆる善人と呼ばれる人でも、人の悪口を言った後ではクヨクヨ悩むことが多いものです。だから、心は痛めず、強くする必要があります。

そのためにも、自分のご分心（一霊四魂）のご開運を祈って、自分をねぎらい、認め、「おかげ様で、ありがとうございます」と感謝し、励まし、ほめて、心を自分で強く元気にすることです。それは自己信頼につながります。

自分が好きで大切にすることが、幸せになる条件である

「心の神を大切にする」ことは、自分の人生を大切にすることであり、自分を好きになることです。人が幸福になれない原因の一つは、自分自身がイヤで、許せないからです。

新聞の相談コーナーを見ると、よく「自分がイヤでイヤで、たまらない」と自己嫌悪におちいっている相談が載っています。それも、まだこれからという若い世代にそういう相談が多いようです。

これは自己評価が低いのです。自己評価心理学とは、「自己を尊敬・尊重する」という視点から人間をとらえた学問です。

自己評価とは「自分が好きである（自分を愛している）」「自分が大切である」「自分を肯定的にとらえる」「自信がある」ということであり、これがそろっている人を、自己評価が高い人間といいます。自分の人生を大切にして積極的に行動する人が、人生を切り開いて、困難を克服していけるのです。

日本人は、「他人が自分のことをどう思っているか。世間が自分をどう思っているか」

を気にする人が多いのです。多くの人たちは、自分の評価を自分の外に求めます。すると、相手によって評価が変わるので、心が不安定になり、不安になるのです。

「自分で自分自身をどう思っているか」「自分が自己を信頼しているか」という〈内なる評価・信頼〉を最も重視することが、明るく楽しい人生を味わうためには最重要です。周囲と比べるのではなく、過去の自分と比べることです。

一年前の自分よりも成長していたら、「一年前よりも成長した（上達した）。えらい！」と自分を評価して、ほめて、心に栄養を与え、さらにやる気が湧くようにするとよいのです。自分自身の成長を基準にして行動していくことが、自己信頼を育てます。

自慢話ばかりする人は他者評価を強く欲しており、一種の〈他者依存〉です。そういう人は相手をけなす傾向があります。実は自己評価が不安定なため、相手をけなすことで、自分の評価を維持しようとしているのです。そうしていると、自己満足にはなるでしょうが、自己評価は不安定なままです。自己評価と他者からの評価が高いと、自己信頼も安定します。

自分を許せなくて責めるのは、いやな自分、欠点の多い自分、悪いことをした自分を本当の自分だと思っているからです。しかし、それは錯覚しているのです。よく見れば、本体の自分とは違う、表面にこびりついている汚れであることがわかります。
鏡は汚れやホコリも目立ちます。目立つということは、それに気づきやすいということでもあります。月に雲がかかっていても、月には何の影響もありません。そのことに気づけば、自分をあるがままに受け入れることができるようになってきます。

本体を包む汚れのことを「罪」といい、ケガレといいます。自分のご分心を包んでいる心の汚れがわかってきたら、「今、きれいになっている途中だ」と喜べばよいのです。

そして、**心を強くするために自分を「ご苦労さま」とねぎらい、「すばらしい」とほめて、「いつもありがとう」と感謝して、心に栄養を与えていくうちに、自己信頼が増して、「あるがままの自分」を好きになり、自分を愛するようになっていきます。自分自身を大切にするように意識すると、日常生活もよりすばらしいものにしようと思うようになります。**
そうすると、自分のご分心（一霊四魂）が潜在意識に働きかけて、自分を幸福へと導くわけです。

自己信頼は人生を開き、困難を乗り切る心の源泉

宗忠は「我、すなわち天照太神なり」という境位になったのですが、これは最高の自己評価です。自己評価が高く、自己を大切にすることで、自己信頼度も高くなります。

自己信頼は、開運し幸せになる能力を培う心の源泉です。そして、「自分はこの困難を乗り切ることができる」という自己信頼があれば、さまざまな困難でも乗り切ることができます。

開運するには、味方が多いことが大切です。まず、最初に味方にすべき人物は「自己」です。宗忠も両親の急死から、自己を責めるようになり、身体を痛めてしまいました。

自己を信頼している人は、内面からの賞賛があるので「自立」しており、無理やり他人からの賞賛を欲することも相手をけなす必要もありません。むしろ謙虚になります。宗忠は自己信頼が抜群に高かったので、謙虚になったのです。

経済のバブルは人間の慢心から起きました。慢心が人生を誤らせる原因の一つであり、宗忠はそのことを「我を離れよ」という言葉で表現しています。

慢心から油断が起きます。それを防ぐのが感謝と謙虚な気持ちです。感謝と謙虚さをあらわす言葉が「おかげ様で、ありがとうございます」です。この「おかげ様」の語源は「神仏や先祖が草葉（くさば）の陰で見守っている」ということをあらわす〈御陰様〉からきています。つまり、「おかげ様」とは「神・仏・先祖」の守護をいただく言霊なのです。

同時に、自分の力だけでなく、相手や周囲、社会のおかげという意味もあります。この「神・仏・先祖」の守護と、感謝と謙虚さをあらわす「おかげ様で、ありがとうございます」という開運の言霊を、日頃から口グセにするとよいでしょう。

宗忠は相手の長所のみが見える人でした。長所をほめて、やる気を出させました。実は、自己を信頼している人は、相手の長所を見つけて「すばらしい！」とほめることが得意なのです。

開運する人は「相手の長所を見つけて、ほめる」のが上手です。人生がうまくいかない人は「相手の欠点を見つけて、けなす（責める）」のが上手です。皆さんはいかがですか。

人間は自分を認めてほしい生き物ですから、意識的に「相手の長所を見つけて、ほめる」ことを習慣にしていくと、味方が増えて、運命が確実に開いていきます。イケメンでもないのに女性にモテる男性はその女性の魅力を探し、ほめて、愛の言葉をかけているからでしょう。

夫婦が仲良くする秘訣も、お互いを認め、ほめ合うことです。男性は賞賛されることで、やる気が湧きます。そして、自分をほめてくれる女性に愛情をもつものです。

さらに言いますと、**「人間には本来、短所はなく、個性があるのみ」**です。短所があると思っているとしたら、自分で短所にしているだけです。自分の個性を大切にして、自分の長所を意識的に伸ばして、〔強み〕にしていくことです。

自己信頼を育てるためには、自分をねぎらい、励まし、ほめて、心に栄養を与えるのが効果があります。人間は自分に対する評価、感謝やねぎらいの言葉や励ましを〈心の栄養源〉にします。「自分にはほめたり、励ましてくれる人がいない」という人は、自分でほめれば良いのです。他人からほめられた時は、「いえいえ」と遠慮せず、「おかげ様で、ありがとうございます」と感謝するのが幸運を受け取るコツです。

宗忠は「うそでもよいから、ありがたしというとありがたくなってくる」と言っていますが、「運がいい」と言っていると、本当に運が良くなってきます。日頃から、次の「福を招く言霊」を笑顔で称（とな）えるとよいでしょう。

「おかげ様で、ありがとうございます」という守護と感謝、謙虚さをもった言霊を発した後に、自分や家族にねぎらいと感謝、励まし、「すばらしい!」と祝福の言葉をかけます。そうすることで、家族の相互信頼を深められるのです。

「おかげ様で、ありがとうございます。私は笑顔と感謝で、福を招きます。私は自分を信頼し、人生を大切にして、豊かな人生を味わいます。私は一年前の自分よりも成長します。私は自分と家族をねぎらい、ほめて、感謝し、心に栄養をたっぷり与えます。いままでご苦労さまでした。いつもありがとう。すばらしい。さすがだ。たいしたものだ。りっぱだ。えらい。あっぱれだ！
私は運がいい。私はどんどん運が良くなる。明日はもっと良くなる！」

女性は「すてき」「魅力的」「チャーミング」など、自分が好きなほめ言葉を言うとよいでしょう。「天晴れ(あっぱれ)」は最高のほめ言葉です。これは「天の岩戸」に隠れた天照大神が岩戸から出てきた時に、神々が「天晴れ」といったことに由来します。鏡の前で行うと、より効果があります。

「今も神代、神代今日、今日神代」である

「道の理」の最後に、「今も神代　神代今日　今日神代　世の中の事は心程ずつの事なり」とあります。神代のパラダイスが高天原（たかあまはら）です。

宗忠が考えている高天原とは、神代から現在・未来を通じて実在する理想郷のことです。心によって、現在を明るく楽しい世界にすることが宗忠の哲学の真髄です。

宗忠は次の道歌で、神々の時代も現在も変わらないことを宣言しています。「千早振る」は、神に対する枕詞（まくらことば）になります。

天照す君の光りは千早振（ちはやぶる）
神世も今もかわらざらまし

「神人和楽」という言葉が古神道（こしんとう）にあります。神と人間がともに和み（なご）楽しむという意味です。古神道は「神ながらの道」といわれています。「神ながらの道」には「神とともに歩む」

「神さながらに生きる」「神人同質」「万物同根」などの意味があり、宗忠は「神ながらの道」の体現者です。

「天道まかせほど世に安心なることは御座なく候。心安く暮らし候こそ、高天原と存じ奉り候。（中略）心明らかなる時は即ち天照太神わが一心にあらわれたまいて、運をそえたまうこと疑いあるべからず。ありがたし、ありがたし」

宗忠は人間が心安く穏やかに暮らす時に、そこは高天原になるというのです。つまり、高天原とは自分の心の中にもあり、平安な心になった時に、自分の周囲に高天原が顕現するわけです。

また、神仏は大自然を愛でる人を特に愛します。なぜなら、神仏は大自然に宿っているからです。日本人は昔から、大自然を拝み、その恵みに感謝してきました。神道は「大自然をもって教典となす」をモットーにしています。

「神ながら」とは大自然のバイオリズムに順応して生きるという意味と、大自然を愛し、大自然の恵みを楽しみ、大自然とともに生きるという意味です。古神道では美しく、見事な人生を歩むことを理想としており、宗忠は神人和楽の実践者でした。

宗忠は深いところで、人間に対する深い愛情と信頼感がありましたので、「今も神代

神代今日　今日神代」という思想になりました。逆に人間に対する絶望感がある人は、「終末思想」になります。宗忠には人間に対する深い信頼感があるので、著者はその宗忠を信頼しています。

高弟の一人に、野々上帯刀という人がいました。この人は作州（岡山県美作市大町）の神職で、相当学問もあり、見識も世にすぐれた人でした。

宗忠とは同僚同格というよりは、宗忠より少し格式が上の人でした。野々上が病気のため、人の勧めるままに初めて宗忠の説教を拝聴した時、どうも自分の胸中の一物が邪魔して、真にありがたくは聞き得なかったのです。

説教が終わって、おまじないを受けたところ、宗忠が野々上の腹をおさえて、

有るものは皆吹きはらえ
　大空の無きこそおのが住みかなりけれ

と強く唱えると同時に、プッと強くご陽気を吹きかけた途端、胸中にわだかまっていた学問も見識も、一切の邪魔物が吹き飛んでしまって、尊いおかげを受けたのです。それよ

り、野々上は神文を捧呈（ほうてい）して弟子となり、深く道を修めて高弟と仰がれました。

　ある時、宗忠を訪ねて、

「我ながらわが身尊し　千早ぶる神となるべきものと思えば」

という、自作のりっぱな歌をしたためて、宗忠に見せました。すると、宗忠はその紙片を左の手に持ったまま、右の手でひざをたたき、

「なるのじゃアない！　なるのじゃアない！！」

と言ったので、野々上高弟はすぐその言葉の意味を理解して、次の室へ下がりました。

「我ながらわが身尊し　千早ぶる神と同じきものと思えば」

　このように書き直して、再び見せました。すると、宗忠はわが意を得たりとばかりに、格別にニッコリと笑って、「道の極意はここです！」と言いました。そして、自分の即吟（そくぎん）の歌を示しました。

千早ぶる神と人とはへだてなし
　すぐに神ぞと思ううれしさ

ここに示された宗忠と野々上帯刀の歌は深い自己信頼のもと、その根拠として「神人同質」を明示したすばらしい歌といえましょう。

第４章

神人・宗忠が吉備国に出現した歴史的・霊的背景

夏至の太陽を拝む形態になっている
備前国一の宮・吉備津彦神社

この章では、黒住宗忠が幕末に吉備国（岡山県）に誕生した歴史的・霊的背景と、人類の霊性ムーブメント（運動）における彼の役割について述べていきます。

著者は平成一九年、古代吉備王国の神々の聖地と、「桃太郎伝説」にイメージされる大和朝廷と古代巨石祭祀跡の研究のため、岡山市一帯のツアーを企画しました。岡山市には元伊勢伝承があり、吉備の太陽信仰と伊勢の関係も探ります。

黒住教の本部がある神道山は、吉備の中山といいます。吉備の中山は太古より神奈備山（神がおわす山）として崇められ、山中には数々の古代祭祀跡、巨石遺構、古墳がある一大聖地です。岡山市内にありながら、これほど緑豊かな山がそのまま残されていることに驚きを覚えます。

さらに、山麓には吉備津神社（備中国一の宮）と吉備津彦神社（備前国一の宮）という、二つの一の宮が鎮座しています。一の宮とは旧国のトップの神社であり、全国で約九万社ある神社のベスト一〇〇に当たります。吉備津神社（岡山市北区吉備津）と吉備津彦神社（岡山市北区一宮）は、吉備の中山をはさんで鎮座しており、吉備の中山が備前と備中の境になっています。

備前国一の宮・吉備津彦神社のご祭神の大吉備津彦命（オオキビツヒコノ）は第七代孝霊天皇の第三皇子・イサセリヒコノ命で、四道（しどう）将軍の一人です。四道将軍とは『日本書紀』に登場する皇族の四人の将軍です。相殿（あいどの）には孝霊天皇をはじめ、皇族方を中心に祭っていますが、オオヤマクイ大神（山の神）、金山彦大神（金属、鉱脈の神）も祭られています。

吉備津彦神社には東洋一の石の灯篭（とうろう）があり、本殿の右横には、樹齢一〇〇〇年といわれる平安杉のご神木があります。吉備津彦神社は太陽信仰の形態をとどめており、六月二一日の夏至（昼が最も長い日）には随身門（ずいしんもん）から太陽が昇り、吉備の中山にある元宮（もとみや）の方向に沈みます。元宮とはその神社が最初にあった場所に祭られている神社です。

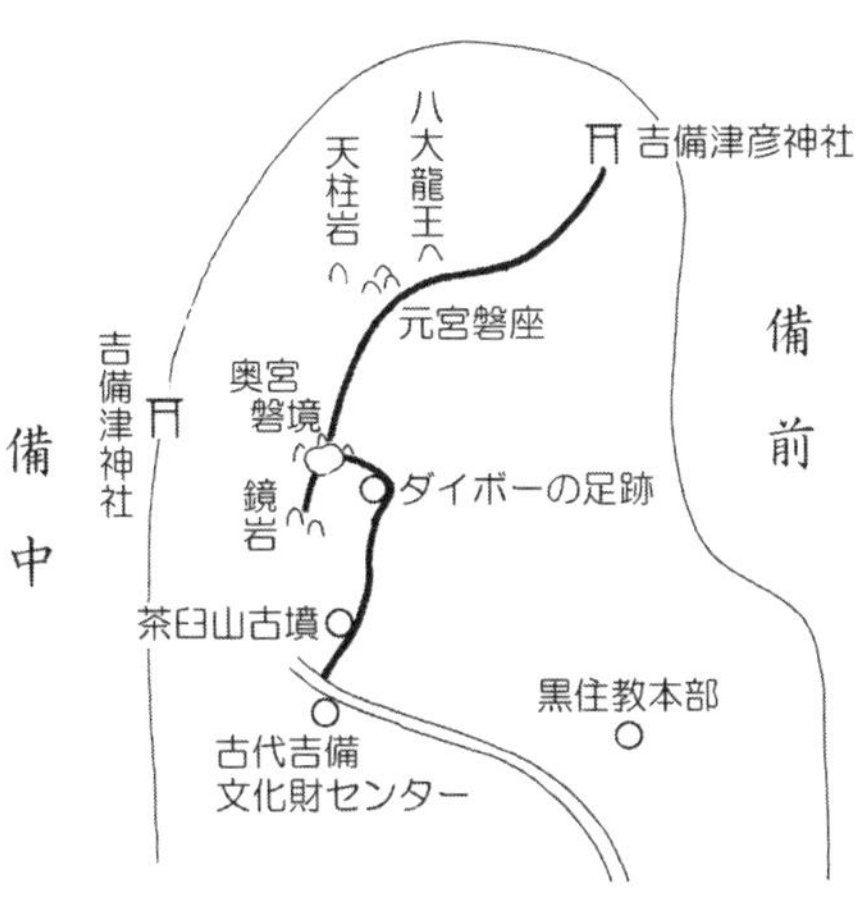

吉備津彦神社は「元・気比太神宮」とも呼ばれており、元宮にはオオヤマヅミノ大神・ウガノミタマノ大神・大国主大神、事代主大神、スクナヒコナノ大神、カムヤマトイワレヒコノ大神（神武天皇）、天津神・国津神・八百万神など、多数の神々がいらっしゃるとされます。

由来書には「吉備津彦命は吉備の中山の神々をお祈りしながら、吉備国を平定した」と書いてあります。つまり、吉備津彦命が吉備の中山の偉大な神々を祭っていたのが、後世、祭った人間（吉備津彦命）が神として祭られるようになったというわけです。

参道をはさんで両側に池があり、それぞれの池に鶴島と亀島があります。亀島にはストーンサークルの磐境があり、中央に亀島神社が鎮座します。磐境とは神の宿る巨石のことで、ストーンサークルは太陽信仰の基本パターンとなっている列石群です。

黒住宗忠は冬至の日に誕生し、三五歳の誕生日の冬至の日に天命直授を受けました。吉備津彦神社は夏至の太陽信仰ですから、「夏至」と「冬至」という形でそろっています。黒住宗忠が太陽神としての天照太神のご開運を祈るようになった素地が、吉備の中山にあったわけです。偉大な聖者が誕生する場合、その人物が生まれた地域や時代背景を知ることで、その人物の思想を深く理解できるようになります。

備前国一の宮・吉備津彦神社（岡山市一宮）

備中国一の宮・吉備津神社（岡山市吉備津）

吉備の中山の奥宮磐境は天地開闢の神々の聖地だった

著者たちツアー一行は、中腹にある古代吉備文化財センターから山道を登っていきました（一三五ページの地図参照）。途中、山道に沿って鉄格子が走っているのは御陵の区切りで、宮内庁が管轄しています。

最初に、「伝・大吉備津彦命御陵」（茶臼山古墳）の横を通りました。御陵は吉備の中山中腹にあって、全長一二〇メートルの前方後円墳です。

吉備の中山には「ダイボーの足跡」という、周囲五〇メートルくらいの草の生えたくぼ地があります。これはダイダラボッチの巨人伝説に関連しています。

ギリシャ神話では、世界を初めて支配した神はウラノスだとされます。ウラノスは大地の神ガイアの夫です。二人からティタン神族（巨人族）が生まれます。巨人伝説と巨石遺構はセットになっています。吉備の中山で最も高い龍王山には、八大龍王が祭られています。また、天柱岩をはじめ、数多くの巨石遺構があります。

そして、吉備津彦神社の奥宮磐境にお参りしました。奥宮とは特に重要な神々を祭る神社です。ここの奥宮は原初の形態になっており、花崗岩の磐境が群立して、しめ縄が張られています。主な磐境のしめ縄と、もっと広い感じのしめ縄が二重になっていて、サークル状になっています。

奥宮磐境には天之御中主大神・高皇産霊大神・神皇産霊大神、天之常立大神、国之常立大神、イザナギノ大神・イザナミノ大神、天照大御神、月読大神、スサノオノ大神、建日方別大神が祭られています。

天之御中主大神・高皇産霊大神・神皇産霊大神は造化三神と呼ばれ、日本神話の最高神とされます。北辰（北極星）の神々でもあります。天之常立大神、国之常立大神、イザナギノ大神・イザナミノ大神は神世七代の神々であり、天地開闢（天地創造）と国生みの神々です。そして、天照大御神、月読大神、スサノオノ大神は三貴神として、日本神話で重要な役割を果たします。つまり、日本神話のトップクラスの神々がこぞって吉備の中山の山頂に祭られているわけです。

奥宮磐境からは、天からも地からも湧き出るようなすごいエネルギーを感じました。やはり霊山のパワーはすばらしく、私も参加者もとても満足しました。

次に、奥宮から二〇〇メートルくらい離れたところにある鏡岩に向かいました。五メー

吉備の中山の「奥宮磐境（おくみやいわさか）」

吉備の中山の「鏡岩」

トルほどの陰陽二つの鏡岩が斜面に立っています。鏡岩とは太陽信仰にちなんだ巨石で、古代人は鏡岩に反射する太陽の光を拝んでいました。

それから、登ってきた道を引き返して、「伝・大吉備津彦命御陵」（茶臼山古墳）にお参りしました。吉備の中山の御陵からの見晴らしが良く、向かい側に尖った山（鷲羽山）が見えました。鷲羽山もすばらしい霊山です。

また、奥宮磐境とは別に、吉備の中山には「元宮磐座」という神々が降臨した巨石もあり、神社としての奥行きの深さを感じます。

備中国一の宮の吉備津神社は全国の吉

吉備の中山の「元宮磐座」

備津神社の総本宮であり、吉備津造りの勇壮な大建築です。向かって右手に屋根のある長い回廊があります。降りていくと、急な階段を上る形で岩山宮が鎮座しています。そこが地主神（土着の神）で、中山主神（タケヒカタワケノ命）を祭っています。タケヒカタワケは『古事記』では、イザナギノ大神・イザナミノ大神が国生みをした時に生まれた、児島という島の国魂とされます。回廊の奥に行くと本宮があります。

また、備後国一の宮・吉備津神社（広島県福山市新市町）のすぐ横に、十二社があって、オオナムチノ命（大国主大神の別名）を祭っています。

まとめますと、吉備津神社・吉備津彦神社は、太陽信仰と太古の神々の聖地が第一義としてあります。第二義として出雲系の神々がおられます。第三義に四道将軍としての開拓神・大吉備津彦命の世界になります。

黒住宗忠は「元伊勢の地」で生まれた

岡山市番町には「元伊勢」と呼ばれる伊勢神社（伊勢宮）が鎮座しています。元伊勢伝承では、二〇〇〇年前、一〇代崇神天皇の時、大和の国三輪山の近くに皇居がありました。

崇神天皇までは三種の神器が皇居の中にあり、天皇は神器とともにあったので、祭政一致でした。ところが、崇神天皇の時代に疫病が流行ります。それで、天皇自身が尊い神器といっしょに住むのは恐れ多いということで、皇居から神器を分離することになります。

そこで、皇居にはヤサカニノ勾玉を残し、大和の笠縫邑にヤタノ鏡とアメノムラクモノ剱を移します。そして、皇居にはそのレプリカ（模造品）を作ってお祭りしたのです。

天皇は神霊が宿るヒモロギとして剱を立て、日月の祭祀をつかさどることで、日本を霊的に統治する霊能をもつ存在になります。その継承の神事が大嘗祭です。

最初に、三輪山の中腹の笠縫邑に天照大神を祭ります。そこに鎮座する檜原神社（奈良県桜井市三輪）は最初の元伊勢になります。

三輪山を神体山にしている大和国一の宮・大神神社に行かれた折は、この檜原神社にも参拝するといいでしょう。三輪山も近年、太陽信仰の聖地であることがわかっています。太陽信仰の聖地に天照大神の神器を祭ったわけです。

崇神天皇はさらに、皇女のトヨスキイリヒメノ命に、神器をお祭りするところを遷すことを命じます。その後、トヨスキイリヒメノ命は丹後半島の吉佐宮（丹後国一の宮・籠神社、京都府宮津市）など各地を巡り、五番目に吉備の名方浜宮に四年いたとされます。岡山市番町の伊勢神社はその「名方浜宮」とされ、約二〇〇〇年前に創建されました。

伊勢神社には十五末社があり、宗忠の産土神社である今村神社も祭られています。伊勢と宗忠との神縁がうかがえます。また、伊勢神社とともに「名方浜宮」とされるのが、岡山市浜野に鎮座する内宮です。後世、名方浜宮が二社に分離したもので、二社ともお参りするとよいでしょう。（二三四ページの地図参照）

吉備の中山は太陽信仰の聖地であり、前述のように日本神界のトップクラスの神々が鎮まるパワースポットがあったことが、「元伊勢」が吉備国に鎮座した理由になっていると著者は考えています。

さて、トヨスキイリヒメノ命は老いたため、次の垂仁天皇の時代になって、ヤマトヒメノ命（倭比売命）と御杖代を交代します。神の思し召しのままに行動する人を「神の御杖代」といいます。

備前国一の宮・吉備津彦神社の末社の下宮には、そのヤマトヒメノ命が祭られています。トヨスキイリヒメノ命やヤマトヒメノ命たちは二二カ所くらいを転々として、最後に現在の伊勢神宮の地に遷します。

著者は元伊勢伝承を二〇年くらい調べていたのですが、最初、なぜそんなに各地を転々

（右）伊勢神社本殿（岡山市番町）／（下）内宮（岡山市浜野）

としたのだろうと謎でした。ある時、それが一種の結界（バリアー）になっていると気づきました。

結界を張って、その中にいれば、皇室は守られるわけです。結界のことを古神道ではクシロといい、結界にすることを「クシロを張る」といいます。ヤマトヒメノ命は天照大神から導かれて、二二カ所の元伊勢で形成される「元伊勢クシロ」といわれている皇室守護の結界を張ったわけです。

幕末、吉備国の黒住宗忠は、衰えた天照太神信仰と伊勢神宮のパワーをよみがえらせようとしました。日本では依然、遷都論がくすぶっていました。

私は天皇家が京都に帰ることがいいのではないかと考えています。そうすると、東京が政治・行政の中心、京都が天皇を柱とした精神文化の中心ということで、バランスがよくなります。

ふだんは京都で神事を行い、公式行事の際、東京に行かれるという二本立てが望ましいと思います。天皇家も元地に戻ると霊力が出てくるでしょう。東京を「顕」とし、京都を「幽」とした皇室の有りようがベストだと思います。

鎌倉仏教の魁（さきがけ）・法然上人と
神道ムーブメントの魁・黒住宗忠

岡山県出身の精神指導者で最も有名な人物が、浄土宗（じょうどしゅう）の開祖である法然上人（ほうねんしょうにん）でしょう。法然上人は現在の岡山県久米郡（くめ）久米南町で誕生しました。

鎌倉仏教において、最初に登場したのが法然でした。当時、人心の乱れから末法（まっぽう）思想が流行していましたが、そんな時に、阿弥陀如来に念仏を唱えれば、どんな人でも西方浄土（さいほうじょうど）に往生（おうじょう）できると説いたのが法然でした。

興味深いことに、法然上人も親の死を契機に出家しています。法然上人は小さい頃に親をなくし、出家して比叡山（ひえいざん）で修行し、浄土宗を開きました。その学識の高さから、智慧（ちえ）の菩薩である勢至（せいし）菩薩の生まれ変わりであるとされました。この勢至菩薩は、阿弥陀如来の脇侍（きょうじ）です。

その新しい仏教思想は、その後の栄西（えいさい）、親鸞（しんらん）、道元（どうげん）、日蓮（にちれん）など、鎌倉仏教の祖師たちに多大な影響を与え、鎌倉仏教の魁（さきがけ）的な働きをしました。宗忠も、神道ムーブメントの魁となっています。

浄土宗は、「念仏を唱えよ」というだれでも簡単にできる方法を提唱します。法然上人の人柄は〝自然法爾（人為を捨て、如来の絶対他力に任せきること）〟でした。日本の仏教界の中でも法然上人は透明感のある人物で、その雰囲気は黒住宗忠に似ています。

著者は平成一〇年、岡山市の北方にある久米郡久米南町の法然上人の誕生寺に参拝しました。その日はたまたま、誕生寺のお祭りの日でした。

宗忠の高弟で、幕末に京都で活躍した赤木忠春は文化一三年、法然上人の誕生地に近い美作国久米南条郡で生まれています。

また、法然上人は時の関白とたいへん親しく、朝廷には信奉者もいました。幕末、赤木忠春の活躍により九條関白家の力添えもあり、宗忠神社が勅願所になっています。京都の宗忠神社の近くに、浄土宗の総本山である知恩院があるのも、宗忠と浄土宗の不思議な縁を感じさせます。

このように、岡山出身、霊性ムーブメントの魁、朝廷との縁、親の死がきっかけになって大宗教家になったことなど、法然上人と宗忠は類似点が多いのです。吉備という土地のもつ不思議なシンクロニシティ（意味ある偶然）を感じます。

宗忠は十二支の始まり「子の年・子の月・子の日」に生まれた

著者は学生時代、神道ムーブメントの魁ということで黒住宗忠を知り、彼の教えや生き方に共感し、以来ずっと宗忠の思想を学んできました。その研究が結実したのが、拙著『太陽の神人　黒住宗忠』です。

「子の年・子の月・子の日」（一七八〇年一一月二六日）生まれの黒住宗忠は、新しい時代の「日の出」を告げる魁の神人となります。これは日本だけでなく、人類の新しい時代の「天の岩戸開き」を告げる聖者の誕生です。

宗忠にもその自覚があったようで、次の歌があります。

月は入り　日は今出るあけぼのに
　我こそ道の始めなりけれ

宗忠が生まれた翌年の一七八一年には、天明の大飢饉（だいききん）が起こります。この頃から、幕藩体制に崩壊の兆しがみえてきます。

宗忠を通しての天照太神の復活は、幕末の「おかげ参り」とリンクしています。伊勢神宮のご神札が天から降ってきたということで、全国的に伊勢神宮へのおかげ参りが大ブームになりました。

宗忠と、その同時代人である吐普加美神道の井上正鐵は、「西の黒住、東の井上」と並び称されました。この二人はどちらも神道の二大家元から正式の神職の資格を授かっています。黒住宗忠が神道管領・吉田家から神職の免状をもらっているのに対し、井上正鐵は白川神祇伯王家から免状をもらっています。彼らは神職であり、神社神道から発した新しい神道思想家です。

宗忠は親孝行からさらに神孝行へと発展させ、従来の「神に自分の開運を祈る」というパターンから、「神のご開運を祈る」という超逆転の祈りを提唱しました。

井上正鐵は天照大神の神使から、霊夢によって自分の使命を自覚します。宗忠が「天体神」である天照太神と一体化したのに対して、正鐵は「神話神」である天照大神と感応したのです。

黒住宗忠は幕末の日本において、日本人が縄文時代から受け継いできた太陽信仰を、現実に力を与える神として日常生活の中によみがえらせました。さらに天体神信仰へとバージョンアップさせたわけです。しかし、その後の明治政府は古神道を国家神道という人工的な宗教に改ざんしてしまいます。

さらに東京遷都をきっかけとして、京都の霊的守護は効力を発揮できなくなってしまったのです。

晩年の宗忠、「自分・釈迦・孔子」の天命易を立てる

宗忠は天命直授の後も、折にふれて易を立てていました。江戸時代までの日本人は、教養として四書五経（ししょごきょう）を学んだのですが、『易経』は五経のトップでした。易は運勢だけでなく、行動の指針、心がまえを知るのにとても有効です。神人合体した後も易を立てていたことは、宗忠が「現実世界で、いかに生きるか」を常に考えていたことをあらわします。宗忠は書にも易にも腕が立ち、一流の文化人でした。

著者も易と古神道の神占術を融合した神道易（しんとうえき）を立てます。その立場から、宗忠が立てた易を観てみますと、彼が易の名手だったことがよくわかります。ここで、宗忠が立てた代

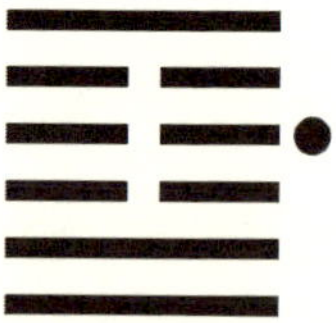

山沢損

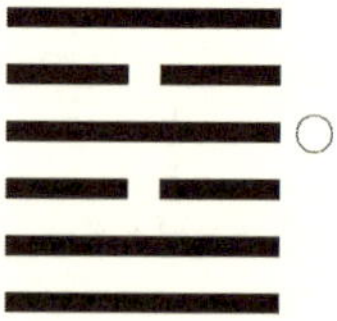

火沢睽

表的な易をいくつか観ていきましょう。

まず、天命直授の二年後の文化一三年（一八一六）、彼が三七歳の時に、五年後のことを占っています。「火沢睽」四爻、「山沢損」という卦です。

易は「大成卦・変爻・之卦」の三段活用でみます。火沢睽（三八番）は「矛盾の中に発展性、創造性がある。自己変革を起こせ」という卦であり、ワンポイントアドバイスの四爻は「反目して孤独になる。危ういが咎めはない。りっぱな人物に出会って、誠意が通じる」です。之卦の山沢損（四一番）は「社会に奉仕する。大目的のために小欲を捨てる。誠意をもって行えば大吉」です。

宗忠は無料奉仕の病気治しで大評判になりますが、修験者などすでに病気治しの祈祷を行っている人たちからさまざまな妨害・迫害を受けます。それを暗示している卦です。

しかし、その妨害をした人たちの中には、宗忠の謙虚な人柄に感じ入って弟子入りする人も現れます。宗忠は「至誠、天に通ず」の心境で、おまじないや講釈を行い、感動した

火地晋

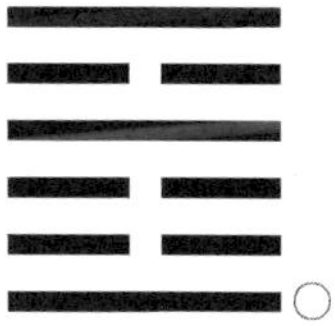
火雷噬嗑

宗忠の天命易卦

多くの人たちが続々と入門してきます。

　宗忠は六一歳になって、天保一一年（一八四〇）一〇月に、「宗忠、釈迦、孔子」の天命易を立てます。自分を釈迦や孔子と同格とみていたわけです。孔子は儒教の開祖であり、儒教が盛んだった江戸時代の日本では聖人とされました。

　宗忠本人は「火雷噬嗑」初爻、「火地晋」です。火雷噬嗑（二一番）は「盛んな活動力と洞察力で、障害物を全力で跳ね飛ばして進め。神仏の加護を受けよ」であり、初爻は「足かせをかけられる。自戒すれば、咎めは免れる」です。また、初爻は〝萌芽状態、始まり〟を意味します。

　之卦の火地晋（三五番）は「旭日昇天。明るい太陽が地上に昇り始める。自分の明徳を輝かせよ」です。

雷山小過

雷風恒

釈尊の天命易卦

宗忠には先覚者であるがゆえのさまざまな妨害・迫害もあり、苦労も多かったのです。しかし、自分の天命のままに、日本や世界の日の出をもたらすべく働きました。

そもそも宗忠は「日の出の太陽（旭日）」を拝して、天命直授という大神秘体験を得ました。旭日昇天はまさに宗忠の天命にふさわしい之卦（しか）です。

次に釈迦の天命易は「雷風恒（らいふうこう）」二爻、「雷山小過（らいざんしょうか）」です。大成卦の雷風恒（三二番）は「恒久の道。変化の中に一貫性を示せ」であり、二爻は「悔いはなくなる。長く中庸（ちゅうよう）を保っているからだ」です。

之卦の雷山小過（六二番）は「無理をせず、行動は慎重にする。時勢に順応する」です。

釈尊は諸行無常と永遠の法（ダルマ）による解脱を説き、中道・中庸を説きました。

孔子の天命易は「離為火（りいか）」六爻、「雷火豊（らいかほう）」です。離為火（三〇番）は「明知をもって、

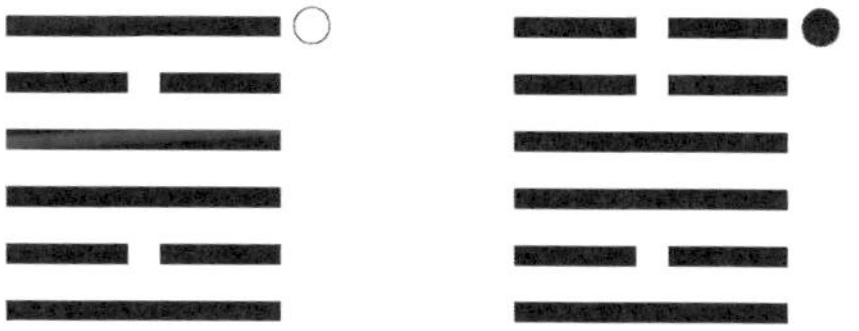

雷火豊

離為火

孔子の天命易卦

天下の民を化育する。情熱をもって進む」です。六爻は「王は兵をもって出征し、賊を正す。慶賀すべき結果になる」です。之卦の雷火豊（五五番）は「明知をもって公明正大に行動する」です。

孔子は古代中国の春秋戦国時代に、諸侯に対し理想の政治を説いてまわり、後に弟子の教育に専念します。孔子は易をこよなく愛し、その解説書も書きました。

以上のように宗忠は、なかなか的確に三者（自分自身、釈迦、孔子）の人生を占っており、感心します。いずれにしろ、宗忠が新しい時代の「日の出」を告げる聖者であることが、天命易からも推察できます（参考・『易経』丸山松幸訳、徳間書店）。

宗忠から始まる東西の霊性ムーブメント

日本においては、一七八〇年生まれの黒住宗忠をさきがけとして、昔から受け継がれた日本人の智慧を復活させようという霊性ムーブメント（運動）が幕末から明治にかけて勃興しました。

西洋に目を向けると、西洋最大の霊能者のイマニュエル・スウェデンボルグが一七八八年に生まれており、宗忠と同時代に生まれたことになります。スウェデンボルグは医学、心理学、科学、数学など多くの分野で一五〇冊以上の本を著した大天才であり、スウェーデンの貴族院議員を兼ね、さらに霊界を自由に行き来した不思議な人物として知られています。

彼の膨大な『霊界著述』の中で、霊界人を生かす大いなる存在として「天界の太陽」があると記しています。天界の太陽とは、宗忠の天照太神、「太陽の大神」のことと考えられます。東西で、太陽神霊との感応があったわけです。

一八一四年、宗忠は天照太神と一体になりますが、四年後の一八一八年はユダヤ人のカール・マルクスが生まれます。一八四八年、スピリチュアリズム研究のきっかけとなるハイズヴィル事件が起きますが、同年、マルクスがエンゲルスとともに『共産党宣言』を出しました。

唯物的な共産主義の動きに警鐘を鳴らすかのように、まったく逆の事件が起きたわけです。これも一種のシンクロニシティです。心霊研究の端緒になったハイズヴィル事件とは、『共産党宣言』出版の一か月後の三月、アメリカのハイズヴィルという村で起こった「ポルターガイスト騒動」です。

幽霊が鳴らすラップ音を通して霊界交信を行い、地下室の殺人事件が衆目の前で解決したというものでした。事件の数年後、イギリスのケンブリッジ大学やオックスフォード大学で心霊研究のための組織が作られます。これらをきっかけに、一種の「心霊ルネサンス」が欧米で起きたのです。

そして、「いまのままでは地球と人類に危機が訪れます。人類は霊性と精神性を大切にしないといけない。人類は意識改革をしなければいけない」という趣旨の霊界からのメッセージが続々ときます。新しい時代（天の時）が近づいていることを示す大きな霊性ムーブメントが起きるのですが、人類はそれらをほとんど無視しました。

一八七五年、エレナ・ブラバッキーがアメリカでオルコット大佐といっしょに神智学協会を始めます。神智学の系統から、二〇世紀最大の神秘哲学者であるルドルフ・シュタイナー（一八六一～一九二五）が出ます（日本ではシュタイナー教育で知られています）。彼は神智学に関心をもって神智学協会に入りましたが、途中で神智学協会の矛盾や限界を感じて、自らが人智学協会を始めます。

シュタイナーの提唱した人智学は、「宇宙の秘密は人間の真の本質の中にひそんでおり、これを理解することによって明らかにされる」というものでした。小宇宙である人間を知ることで、大宇宙のことも理解できるというのです。（参考・『シュタイナーの思想と生涯』A・P・シェパード著、中村正明訳、青土社）。

シュタイナーから一〇〇年前の宗忠の道歌にも、「自分の心の中にこそ天地の心がある」という歌があります。

天地の心は己が心なり
ほかに心の有とおもふな

天地は廣き物かとおもひしに
　　我一心の中に有ける

宗忠という存在自体が「人間は肉体だけの存在ではなく、神性を宿した尊い存在なのだ」ということを明確に示しています。

しかし、人類は霊性・精神性よりも物質偏重になり、二〇世紀は二度の世界大戦を起こし、地球環境の汚染と森林の喪失が進みました。二一世紀はテロの世紀になり、地球の気候変動や食糧危機、強毒性の新型インフルエンザのパンデミック（世界的大流行）など地球規模の危機が迫っています。

科学は人間の周囲や宇宙へと向けて、発達してきました。しかし、人間の内面（霊性・精神性）の研究はあまり進んでいません。そこから、自分たちでつくった物質文明に振りまわされている現状が生まれているのではないでしょうか。宗忠の道歌を、現代人は噛み締める必要があります。

今上陛下は「酉」年生まれです。酉はニワトリのことで、夜明けを告げる鳥です。しかも、天皇誕生日は一二月二三日で、冬至の翌日です。

冬至は一年で最も昼が短い日で、そこからだんだん昼が長くなっていきます。これは新しい時代の「夜明け前」を暗示しています。今の皇太子殿下は子年生まれです。これらのシンクロニシティは、日本人が地球環境と世界の平和に貢献して、新しい地球時代にしていく必要があることを示しているのかもしれません。

地球規模での環境破壊と紛争が深刻化している現在、もう一度「子の年」に生まれた宗忠のところにまで戻り、「見直し聞き直し」をして、新しい時代を迎える必要があるのではないかと著者は思います。

危機を克服するためには、いったん自分の内面を見つめ直し、反省する必要があります。これを古神道では「見直し聞き直し」といいます。物忌みをして「見直し聞き直し」をすることは、自分の元に戻って、蓄えて、ヨミガエルための儀式です。イエスの再臨もやはりヨミガエリです。

「見直し聞き直し」は、ミソギハライをして、充電をして力を蓄え、そして再出発するという積極的な意味あいがあります。そうすることで、ステップアップするのです。

人類は意識の変革を行い、「生命重視」の価値観をもち、その価値観から経済活動や精神・宗教観を再構築することです。

第５章

「心の岩戸」を開き、神人和楽を目指そう

宗忠は「天照大神の三大神勅（しんちょく）」の体現者

この章では、宗忠は「神人和楽（わらく）の体現者」であり、二一世紀における宗忠の思想の意義を具体的に述べていきます。

古神道には、「天照大神（アマテラスオオカミ）の三大神勅（しんちょく）」という重要な神勅（神からの勅語）があります。これは、神話神である天照大神が天孫ニニギノ尊に授けた三つの神勅とされ、神人和楽になるための指針です。次の三つになります。

①天壌無窮（てんじょうむきゅう）の神勅……永遠なる発展・繁栄。成長・向上を心がける。

②宝鏡奉斎（ほうきょうほうさい）の神勅……人間には内なる神性が宿っており、それを鏡で拝む。

③斎庭（ゆにわ）の稲穂の神勅……天地自然の道理に順応して、人間の智慧を発揮する。

「天照大神の三大神勅」と宗忠の思想は次のように対応しています。

①天壌無窮の神勅……生き通し

②宝鏡奉斎の神勅……ご分心。鏡の教え

③斎庭の稲穂の神勅……日々家内心得の事・七か条

①天壌無窮の神勅は、「宝祚の隆えまさむこと、まさに天壌と窮まり無けむ」というもので、天皇の皇位が天地とともに永遠に続くことを意味します。それは人類も同じく、永遠に終わりはないということです。万物の弥栄を祝ぐ言霊であり、人類に対する深い信頼が前提にあります。

これは宗忠の「生き通し」の教えです。宗忠は言います。

「神は山川草木森羅万象、残らず産み出したまう根元にして、言葉にもあらわせないほどの御徳広大だからである。されば、御道は天照大御神の御大道にして、この御道を行う時は、神に成るべき道なり。

されども、広く人を助けないと神とは成りがたい。しかし、徳を修めないと人を助けることもできまい。その徳を修めるのに心得あり。人はもとより仙人ではなく、仏でもない、この身このままの神である。この神ということを知って、ただおのれから活きて人を活かすべきのみ。しかあるときは、神となるべきなり。ひとたび神とならば、日月とともに活き通しなるべし」

人間は修行して神になるのではなく、この身このままが神だということを知って神の行いをすれば、すぐにそのまま「神」であり、神とともに生き通しになると宗忠は明言しているのです。

人間は社会に貢献し、人々を助けることで、神となっていきます。生きとし生けるものの幸せのために働き、人類の平和を願っているのが神さまです。神さまと同じように願い、行動していけば、人間もそのまま神であり、神のように生き通しになるというのです。

②宝鏡奉斎の神勅とは「この宝鏡を視まさむこと、まさに吾を視るがごとくすべし」という神勅です。人間は自分をうつす鏡を通して、内なる神を崇拝することの大切さを説いています。神社には円鏡があります。円鏡は太陽のシンボルであり、太陽神の光を映すものであるととらえられました。日本神話の天照大御神は「鏡の化身」だと考えられていました。

宗忠は、人間は太陽神の分身をいただいた尊い存在であることを示し、内在する心の神を拝むことを示したのです。心の鏡についた曇りは、ちょうど太陽に雲がかかっている状態です。エゴという雲を祓い清めると、本来の太陽がさんさんと輝き出します。

最後の③斎庭の稲穂の神勅は、人間が食べるのに必要な食物は神聖なものであり、それを稲穂で表現しています。稲は太陽光線、水、風などの恵みによって生育します。また、人間が手入れをしなければ、大きな稔りにはなりません。

人間は天地自然の運行・巡りに順応し、そして、人間の智恵をもってまじめに家業に励めば、生命を生かす大いなる恵みがいただけるということです。これは宗忠のとなえた「日々家内心得の事・七か条」に通じます。

斎庭の稲穂の神勅とは、「天地自然の道理に順応し、その中で人間の智慧を発揮しなさい」ということです。稲作は梅雨の時期に田植えをし、天候を観ながら手入れをすると、秋に豊かな稲穂が稔ります（参考・『神道気学宝典』山本行隆著、たま出版）。

古神道では「天地自然をもって教典となす」としています。「天地自然を観なさい、天地自然の中にすべての教えがあります」という意味です。

たとえば、天と地、昼と夜、右と左、男性と女性というように万物は陰陽で成り立っています。そして、四季があって、常に変化しています。暑い日もあれば、寒い日もあります。雨の日もあれば、雷の日もあります。

天地自然を師として、天地自然の運行（巡り）に順応しつつ、人間が智慧を発揮すれば繁栄・発展する、というのが「斎庭の稲穂の神勅」なのです。天地自然の道理に順応して行動すれば、神仏は大いなる守護を発動させます。

天譲無窮（天地とともに永遠に続くという意味）の神勅ですから、終末はありません。

宝鏡奉載（自分の中の神を拝み）、天地自然の道理に従って生きれば、常に発展していくということを教えています。内外が調和すると、発展・繁栄、成長・向上になっていくということです。日本人として、古代人の神話にこめられた神人和楽になるための智慧を受け継ぎたいものです。

人間は小天地であり、わが心の中に天地がある

古神道の最奥義が内なる神性を拝む自神拝です。

江戸時代は伯家神道と吉田神道が神道の二大家元でした。白川神祇伯王家は江戸時代まで天皇家の霊性を守ってきました。天子（天皇）の御流儀が伯家神道です。伯家神道では、「御鏡御拝」という奥義があり、鏡に映った自分の神性を拝みます。十種の神宝の最高レベルの行法です。

わが内なる神性を拝む行法は、古代の智慧として世界中にその行法が存在します。真言密教では「即身成仏」といい、その身が仏であるとします。インドのヨーガのチャクラ論でも、人間には内なる神性が宿っており、その神性を顕現させることで解脱できると説

いています。

お釈迦さまは、和顔して愛ある言葉を使うことも聖なる行為であると言っています。自分のご分心（一霊四魂）に和顔愛語して、最高のよき言葉をかけてあげることです。「ご分心」という考えは真言密教の極意である秘密荘厳心に通じるものです。

真言密教の開祖である弘法大師・空海は『十住心論』の中で、第一〇番目を秘密荘厳心とし、最高の心の状態をあらわすとしています。空海は、悟りの境地を「入我我入」と言いました。仏の中に我が入り、我の中に仏が入るということです。秘密荘厳心はそのまま、ご分心と言い換えられます。「ご分心」を尊び、大切にするということです。

宗忠が次のような歌を詠んでいます。

神佛おのが心にましますに
他をいのるこそ憐れ成けり

天地の心はおのが心なり
ほかに心の有とおもふな

宗忠は、「神仏は自分の心の中にいらっしゃるのだから、他の外なる神仏ばかり祈るのではなく、まず自分の心の神に祈りなさい」と説いています。同様に、天地の心のありかをたずねたら、その元はおのが心の一霊四魂（ご分心）にあるということです。

宗忠から説教を直接に聴いた高弟たちが記録している聞書や逸話がたくさん伝えられていますが、その中に次の言葉があります。

宗忠は、「天地我が一心の中に在り」と常に言います。さらに、「人は一箇の小天地」と喝破しています。一霊四魂論では、人間の魂は直接宇宙とつながり、肉体は地球とつながっていると考えます。「人とは、日止まるの義なり。日と供の義なり」（宗忠の言葉）であり、人間はタマシイ次元だけでなく、肉体次元も神とつながっているということです。

人間は「神のご分心・ご分身」である

宗忠の文に、「天照太神の御分身のみちて欠けぬよう遊ばさるべく候」「人は神の苗」とあります。人間の頭の先から足の先までが、天照太神さまから分け与えられた身であるというのです。

宗忠は「この道は天地に日の神の誠のいきものが満ち満ちて、人の心は天照大御神の分心なり」と説き、ご分心を養い大きく育てるために、自分のご分心のご開運を祈ることを提唱しています。

心の中の心というべき存在が「ご分心（ぶんしん）」です。それが大御神さまと一体であるだけでなく、形もまた神さまのお働きそのもので、「ご分身（ぶんしん）」なのだと宗忠は説いています。これを、古神道では「神人同質」といいます。

天文学では、人間の身体は〝星の成分〟から構成されているといいます。つまり、人間は星のご分身なのです。宗忠が説く、心も身体も神から分かれたものという発想は、注目に値します。したがって、人間が自分の心も身体もともに尊いものとして大切にし、味わいのある人生を送ることを神仏は望んでいます。

古神道では、人間には神のご分心として一霊四魂が宿っているとします。この一霊四魂は「内在の神仏」であり、ご分心として光り輝いています。現代風の表現を使えば、高次元の自我（真我）であるハイアー・セルフということになるでしょう。

自分のご分心（一霊四魂）を光り輝かせることで、周りも光り輝いてきます。先祖も家族も周囲の人々もすべて、私たちの一霊四魂の縁の中で集まっているのです。自分を光らせることで周りも光ってくるわけで、いわば「鏡のごとし」なのです。

周りの環境はすべて自分自身の反映です。すべての中心に自分の一霊四魂があり、自分の一霊四魂が周囲の守護のご存在、そして地球や宇宙につながっているのです。

鏡に映る自分の姿を通して、ご分心に向かって拍手を打って拝礼し、合掌します。これは傲慢になったり、自己を過大に評価することではありません。自己に内在する神性を自覚し、尊重することです。これが自己信頼の根源です。

その第一段階として、まず「自分をあるがままに受け入れる」ことから始めます。ご分心が光り輝く玉だとすると、円鏡はそれを平面にしたものです。鏡は姿をそのままに映すだけでなく、人間の心をも映すものです。機嫌がよい時は明るい顔で映り、自分の心が暗くなっている時は暗く映ります。すべてあるがままです。

御鏡御拝とセットになっているのが、四方拝です。天皇家の行法の中では、御鏡御拝(みかがみぎょはい)と四方拝(しほうはい)が一番大事な行法とされます。内なる神性を拝むとともに、東西南北、すべての存在に対して「ありがたし」と拝むのです。仏教では、「山川草木悉(ことごと)く仏性を宿している」といいます。

宗忠は心の神を大切にすることを強調しています。

「わが本心は天照太神の分心なれば、心の神を大事につかまつり候えばこれぞまことの心なり。心一つにて自由自在と思えば、この上もたのもしき御事なり」

宗忠は祈りが「心の神」というべきご分心を養うと言うのです。それが、宗忠の一番大切な修行になります。

高弟の赤木忠春は次のような道歌を残しています。

身は社　心は神のわけみたま
出入る息は天照す神

忠春は、人間の肉体そのものが神の社であり、そこに宿る心は神の分霊であると述べています。人間そのものが神社であり、心はそこに鎮座する神の分霊だからこそ、人間には幸せになる価値と資格があるのです。

祓(はら)いとは自分の「心の鏡」についたホコリを払うこと

ご分心は「きれいにする」ことが基本です。清浄なご分心をエゴで包み積むことをツミ(罪)といいます。生きている間にくっついてしまったホコリを祓い、自分の「心の鏡」についた曇りを磨くことがハライです。

宗忠は次のように述べます。

「祓いははらいなり。あるものを祓い去って、無に至るなり。心中一念発せんとするや、善悪にかかわらず、祓いに祓い、一物もとどめず、祓い去ることとなり。これ常祓いなり。(中略)これ即ち天心に至るなり。天心は天地の心、天地の活物即ち天照太神一体なり」

ミソギとは「身削ぎ」で、自分の我欲(がよく)の心から出たアカを削ぎ落とすことです。ミソギをすれば、本来の自分が輝いてきて、生命力がよみがえります。ミソギとは生命復活の秘法といえます。単にきれいにして元の状態に戻るというよりも、新たにレベルアップするという積極的な意味を含んでいます。カガミの真ん中のガ(我=エゴ)を取ると「カミ(神)」になります。きれいにすることにより、本来の自分に戻るわけです。

自分の心の鏡を磨けば、大自然の息吹（いぶき）やリズムが感じられてきます。そのリズムに自分の運命のリズムをあわせれば、運命の扉が大きく開いて、そこからご分心という生命の光が輝き、伸びやかに生きることができるようになります。

「ケ・ケガレ・ハレ」が古代人のバイオリズム観です。人間の病気は「気の病」であり、穢（けが）れが「気枯れ」です。そして、「ケ」つまり元気が枯れると「ケガレ」（穢れ）になり、「ハレ（晴れ）」で再生します。「ハレ」は晴れの舞台のハレであり、ハレの最高の状態を「天晴（あっぱ）れ」といいます。

前述のように、「天晴れ」は天照大神が天の岩戸から出てきた時に、神々が発した言葉です。宗忠の日拝は、「天晴れ」の状態にする最高でカンタンな方法なのです。

斎庭の稲穂の神勅と「日々家内心得の事・七か条」

稲は、苗を植え、梅雨を越し、夏の太陽で育ち、秋に実るという運行があります。冬に田植えしても育ちませんし、夏に刈っても稲は稔っていません。稲刈りは秋に行うことで収穫になります。

人間も、寒い冬に外にいたら凍えますから、できるだけ家の中で過ごします。春になったら、田畑に出て種をまきます。朝太陽が昇ったら、元気よく起きる。晴れた日は働き、雨が降ったら傘をさす。雨の日、つまり運勢が悪い日にはちゃんと傘をさしなさいということです。それが天地自然の道理です。

日本人は「無理をする。がんばりすぎる。やりすぎる」という行動パターンがありますが、正しいことでも無理をすると、ヒズミができて、人生はうまくいきません。「無理が通れば、道理がひっこむ」です。

とはいえ、大自然の運行に任せたまま何もしないでいると、雑草が生えたり、害虫にやられたりしますから、良い稔りを得るためには手入れが必要です。米は「八十八」の手間がかかるから「米」という、との説もあるくらいです。

宗忠は自分の行動の指針として、「日々家内心得の事・七か条」を残しました。一つずつ説明しましょう。

一・神国の人に生まれ常に信心なきこと　恐るべし恐るべし

神国とはこの世すべてであり、信心とは天地自然の心をわが心として、心の神を信じることです。宗忠はこの世を神人和楽の高天原にしていくことを目指しました。

一．腹をたて物を苦にすること　恐るべし恐るべし

　宗忠はご分心のご開運と心を養うこととともに、心を痛めないようにと常に説きました。

「それ人の心は、天照太神の御分心にして、わが心にはあらざるゆえに、これを痛むるは天心を痛むるなり。またこれを養うは天心を養うなり。この養うと痛むるとの極は、人間の生死禍福吉凶皆これよりいずるなり。悟ったと思うことが迷いとなっていることもあるべし。とにかくに、心喜べば道にかないたるなり。心苦しめば道にかなわざるなり」

　心を養い、大切にすると福を招き、心を痛めると禍を招くと言うのです。私たちも日常生活の中で、物事を苦にしたり、悲しんだり、心を痛めても、そのままにしていることが多いものです。宗忠はある雨の後、砂川を渡った際に橋板が動き、一瞬ハッとします。すると、すぐに天拝をして、自分の心を痛めたことをお詫びしました。

　腹を立て、物を苦にすることは衰運につながり、楽しく朗らかでいることが福運につながります。そのためには、少しのことでも大いに喜び、うれしがることです。そして、心を陽気にするのに、日拝はとても効果があります。笑顔と感謝、歓喜でご分心を養うことを、宗忠は常に説いています。

一・己が慢心にて人を見下すこと　恐るべし恐るべし

慢心が迷いにつながり、人生で穴に落ち込みます。人生の失敗の多くは、慢心から起きます。スポーツでも、強いチームが弱いチームに負ける時には、慢心して相手を見下している場合が多いのです。易においても、「慢心して軽挙妄動（けいきょもうどう）をすると、凶になる」と説きます。凶とは凹（穴）に入って×になる、自ら墓穴を掘るという意味です。

織田信長や豊臣秀吉、ナポレオンなども、慢心によって失敗しました。二〇〇八年の経済危機も、金融界の慢心から起きたものでしょう。アメリカ合衆国が起こしたイラク戦争をはじめ、戦争も、その国の指導者の慢心から起きるケースが多いのです。

家族においても、親が子どもを私物化して支配することは親の慢心であり、子どもが親に暴力をふるうのは子どもの慢心です。夫が家事や子育ては妻まかせでまったく協力しなかったり、妻が経済的に支えている夫への感謝の心をもたないのもやはり慢心です。

会社でも、社員を道具扱いするのは経営者の慢心であり、社員が仕事をさぼるのは会社に対する慢心です。こう考えますと、慢心が人生の多くの問題を発生させているのがわかります。トラブルが発生したら、「自分に何か慢心と油断があったのでは」と考えて謙虚に反省してみることです。

宗忠は一生涯、慢心をせず、謙虚な心でいたわけですが、それはこの家内心得を常に心にとめていたからです。

慢心しているかどうかは、自分ではなかなかわかりません。他人からの批判・非難の中に、自分の慢心に対する警告が含まれている場合が多いのです。ですから、家族や他者からの注意や批判には聞く耳をもつことです。他人からの批判・非難は自分の慢心への戒め（いまし）と考えましょう。

一・人の悪を見て己に悪心をますこと　恐るべし恐るべし

環境に影響される人間の弱さを説いています。人の悪口や非難ばかりしている人は、本人が不安や恐れ、嫉妬があり、実は〝自分の中にあるネガティブな感情〟を投影させて、口に出しているにすぎません。自己信頼のある人は相手の悪口など言わないものです。

また、生来心が強いという人はあまりいません。自分を励まし、ほめていると心が強くなるのです。逆に生まれつき心が弱い人もいません。自分を責めたり、否定することで、弱くしています。心にいたわりと励まし、感謝という栄養をたっぷりあげましょう。

一・無病の時、家業怠りのこと　恐るべし恐るべし

病気の時は養生に専念し、元気な時はしっかり働くことです。これは斎庭の稲穂の神勅

そのものの教えであり、宗忠は家業に励むことは陰徳になると説いています。

自分の仕事が大好きで誇りをもち、時間や約束を守り、相手の喜びをともに喜ぶことができる人ならば、開運します。反対に約束を守らず、非礼な態度で接し、相手の立場を理解できない人は、いかに学力・地位・技能があっても、開運はできません。

ただし、病気になったら、しっかり休み、養生しなさい、ということです。無理は禁物です。著者は「休むのも仕事のうち」と考え、休養することで心身のリフレッシュを心がけています。

一・誠の道に入りながら心に誠なきこと　恐るべし恐るべし

誠とは心のあるべき状態を示しています。「誠」とは〝言葉が成る〟と書きます。誠意をもって言行一致していくことです。宗忠は誠にも陰陽があると言っています。

「誠にも陰の誠あり陽の誠あるなり。いささかの事にも、ともに涙流れ、胸せまる、これ陰の誠なり。また大事にのぞんでも屈託せず、泰然として道を守る、これ陽の誠なり。御(お)道(みち)にては、この陽の誠を尊(とうと)むなり」

心を強くするために、自分のご分心のご開運を祈るのです。ご開運とは「本来の姿、本来の場、本来の働きをする」ということです。

活死も福も貧苦も心なり
ここを知るこそ誠成らん

一・日々有り難きことを取り外すこと　恐るべし恐るべし

宗忠は「ただ日々の有難きことばかり少しも少しも取り外さぬように遊ばされ候えば、直ちにここが高天原と存じ奉り候」と書いています。

宗忠は感謝の行として、「有り難し」をたくさん唱えることを提唱しました。言霊として発することで、本当にありがたい人生になってきます。

まとめますと、神仏の信仰をもって、腹を立てたり、物を苦にして心を痛めず、向上心をもって慢心や悪心を起こさず、家業に励み、心を強くして、自分を信頼して感謝の心で生きれば、発展・繁栄の道を歩むことができるということです。まさに「斎庭の稲穂の神勅」の日常生活の心得です。

宗忠の「鏡の教え」は最新心理学に合致している

宗忠の道歌で有名なのが、「日々家内心得の事」の最後にある「鏡の教え」を説いた歌です。

立ち向かう人の心は鏡なり
おのが姿を移してやみむ

天地自然の道理に「類は友を呼ぶ」という法則があります。自分と同質のものを無意識に集めるのです。つまり、周囲の人たちは自分の無意識が集めているわけです。

ユング心理学では、無意識の「投影」といいます。ユングは精神科医であり、「相手をどう思うかは自分の無意識が投影されている」と説いています。

恋愛において、特定の異性に惚れるのは自分の無意識が動くからです。相手に自分の無意識のイメージを投影するのです。

ユング心理学では、心の外界や内界（主観的事実）をすべて「イメージ」として把握していると考えます。心の中のイメージの世界が「心の現実」と呼ばれるものなのですが、相手を自分の「心の現実」に合わせて見るわけです。

宗忠は、「神は鏡のごとし」と喝破しました。信仰においても、人間は自分に相応した存在（神仏）を拝んでいるわけです。「相手がどうなのか」ではなく、「自分はどう考え、認識しているのか」と考え、自分を見つめることが開運するためには重要です。

物事のとらえ方、思考の方向性、起点になる発想を「認知」といいます。人間は「感情の動物」といわれ、感情によって行動します。その感情を生み出すのが、本人の認知です。たとえば、自分の価値観や倫理観、利益に合わない人（反する人）に接すると、イヤな気持ちになり、つい相手を避けようとしたり、攻撃的になったりします。同じ言葉でも、本人がそれにコンプレックスをもっている場合には怒りや悲しみを感じ、イヤな気分になりますし、そうでない人にとっては同じ言葉を言われても何ともありません。

このように、**「その人の考えや価値観が感情を発生させる」というのが認知心理学の考え方です。言い換えますと、思考パターンを変えることで、感情のコントロールができるわけです。**実際、宗忠はいつも笑みを絶やさず、「ニコニコ先生」と呼ばれていたのは、彼が物事を前向きに、明るく、感謝の心でとらえていたから、自然と笑顔になっていったのです。その笑顔が福相となり、周囲にも福を与えました。門人たちは宗忠と接しただけで、身体があたたかくなり、運もよくなったのです。

ネガティブな考えが、憂うつな感情を湧かせます。うつ病治療に効果をあげている「認知療法」では、人間の歪んだ認知を改善することで、ネガティブな感情を減らしていきます。宗忠も両親の急死によって、心痛のあまり大病になりました。そこで、彼は心を痛めないこと、前向きで明るい認知の仕方を教えました。つまり、彼は最新の認知心理学と同じ考えをしていたのです。

人生が苦しくなっている人の多くは、失敗した自分を責め、自分の人生を否定し、卑下しています。人生がうまくいかない人ほど、自分を敵にまわしています。自分で自分を攻撃しておいて、「私の人生はどうしてうまくいかないのだろう」と嘆いています。

人生で開運している人は、味方（サポーター）が多い人です。最初に味方にすべき人物は「自己」です。まず、自分が自己の味方になってあげることです。「己に克つ」のではなく、味方になって、しっかり後押しをしてあげます。

「すべきだ」「しなければならない」と考えると、自分や相手を責めるパターンになりやすいのです。これらの言葉は自分や相手を縛り、やる気をなくさせます。つい「すべきだ」「しなければならない」と言ってしまったら、直後に「するともっと良くなる」「できるとすばらしい」という、開運する言い方に言い換えるとよいのです。

著者は「過去の自分」よりもうまくできたら、「すばらしい！」と鏡の前で自分をたくさんほめるようにしています。そうして、次のやる気を湧かせています。鏡の前で、自分に言葉の栄養を与える「和顔愛語の習慣」をつけるとよいでしょう。

自分・家族・友人・会社のご開運を祈る

まず、自分と家族のご開運を祈ります。

「おかげ様で、ありがとうございます。とってもありがたいわが人生のいやますますますのご開運をお祈り申し上げます。とってもありがたいわが家族のいやますますますのご開運をお祈り申し上げます」

そして、自分の縁ある人たちのご開運へと、だんだん拡げていきます。無意識では自分との相手の区別はありませんから、相手のご開運をお祈りすることは、ある面では自分を祈っていることでもあります。環境は全部、自分の鏡なので、自分が鏡のように相手や周りの環境に映っているからです。

宗忠は自分を攻撃する人でさえ、味方にできる人でした。宗忠が有名になった時、ある男が宗忠の家に放火したことがあります。幸いボヤですんだのですが、宗忠は自分の不徳を反省し、三週間その放火犯のご開運をお祈りしました。すると、三週間の祈願の後、放火犯が涙ながらに謝りに来て、門人になったというエピソードがあります。

開運するには、多くの味方を増やすことがポイントですが、ご開運の祈りは敵さえも味方にしていく祈りです。皆さんも、自分の苦手な人がいたら、その人のご分心（または一霊四魂）のご開運を祈ることにチャレンジしてみてください。自分の心境も変わってきますし、相手も鏡のように、あなたに対する対応が少しずつ好転していくはずです。何はともあれ「ご開運の祈り」です。

人間は皆、本来、この地上を高天原にするという天命（天との約束）を担って生まれてきています。それがいろいろなカルマや諸々の禍事（まがごと）、罪穢れ（つみけがれ）によって、天命を歩むことができなくなっているのです。そのケガレを祓い、本来の姿・働きに戻していきます。相手に本来のすばらしい姿に戻ってもらうことがご開運なのです。相手のために祈ることも、自分のご分心を養い大きくするのです。

会社も同じで、法人というように会社も「人（生き物）」なのです。会社も生き物だから、寿命もあります。会社が会社としての天命を果たすということです。そして、会社がイキイキとすることは、すべての社員がイキイキとして業績も上がることであり、それが会社のご開運になります。皆さんも自分の部署のご開運を祈るとよいでしょう。

「とってもすばらしいわが営業二部のいやますますのご開運をお祈り申し上げます」

ご開運は単に、業績が伸びるだけではなくて、そこで働いている人たちも取引先もイキイキとして、本来の姿、本来の働きをしていくことです。「とってもすばらしい」と祈って、だんだんすばらしくしてきます（笑）。

業績が不振だったり、トラブルの多い会社は、その会社の本来の働きをしなくなっているのです。会社も「病気」になるわけです。病気になって、最後に死ぬのが倒産です。夫婦だったら、それぞれ（夫または妻）の会社のご開運を祈ってあげるとよいでしょう。

地球や人類のご開運を祈る

それらを拡大していくと、「地球のご開運」「人類のご開運」を祈ることになります。開運とは、命が開く状態であり、生命がイキイキとした状態です。宗忠は、「活き物をつかまえよ」と説きました。

古神道では「大自然すなわち神」であり、山川草木（さんせんそうもく）すべてが神です。神のご開運を祈るということは、神が神としての本来の働きをしてください、という祈りです。神も人間もそれぞれが本来の姿、本来の働き、本来の場で活躍した時に、この世が高天原となり、地上天国になります。

釈尊は「一切の生きとし生けるものは、幸せであれ」と説きました。著者はこの「一切の生きとし生けるものは、幸せであれ」も時々、称（とな）えています。

読者の皆さんも時々、以下のお祈りをされるとよいでしょう。

「おかげ様で、ありがとうございます。とってもありがたい地球の大神さまの一霊四魂のいやますますのご開運をお祈り申し上げます。地球が調和され、地球人類が平和になりま

すように。一切の生きとし生けるものは、幸せであれ」

さて、著者は天体の本を読んで、太陽系惑星は完璧に太陽に庇護されていることを知りました。太陽光線によって、地球のすべての動植物も人間も生きています。同時に、地球は太陽によって保護されているのです。

太陽から出ている太陽風が、太陽系宇宙をオーラのように囲っていて、有害な宇宙線から防御しているのです。そういう意味でも、地球にとって太陽は本当に「父母」です。太陽の引力で地球や月、惑星間のバランスが保たれ、さらに太陽風というオーラで守ってもらっているわけです。

地球は大気層やオゾン層、電離層などで守られ、太陽風によって守られており、人類は何重もの加護の中で生かされています。人間は地球や太陽から生かされている中で、この世を高天原にすることが人間にとっての天命なのです。

人類はこの生命力に満ちみちた美しい地球と共生し、新たな世界をつくり出していく天命を帯びた尊い存在なのだと、宗忠は教えています。

お互いの違いを認め、調和をはかる

宗忠は太陽をはじめ、天地自然が大好きでした。大自然は多種多様であり、多くの動植物は絶妙のバランスの中で、調和が保たれています。

食物連鎖（れんさ）に代表されるように、植物、鳥類、動物、菌類などすべてが「食べる・食べられる」という関係を通して連鎖し、共存・共栄しています。植物は動物から実を食べられることで、種をより遠くへ運んでもらいます。

進化論ではアメーバのような単細胞から始まり、微生物が生まれ、植物と動物に分かれたとされています。動物は魚類から陸に上がる両生類が現れ、両生類から爬虫類（はちゅうるい）へと進化し、爬虫類から哺乳類（ほにゅうるい）へと進化し、哺乳類から霊長類が生まれたとされています。

また、脊椎（せきつい）動物以外にも昆虫の世界があります。虫類は脊椎動物よりも膨大な数であり、それぞれ多様な世界を形成しています。植物も菌類から草花、樹木など多様な世界をつくっています。最近の研究で、哺乳類だけでなく、鳥や昆虫も感情が豊かであり、遊びや独自の楽しみをもって生きているということがわかってきています。

チベット仏教の最高指導者であるダライ・ラマ14世法王の玉串奉奠（黒住教本部にて）

現在、地球上には、それらの動植物や人類もすべて存在しています。つまり、進化の本質は、「多種・多様化」していくことなのです。そして、生物の元は同じであり、多種・多様であっても上下はなく、地球上で共存・共生し、それぞれに棲み分けているのです。そして、全体としては調和（シンフォニー）しています。

その「万物は同根である」が進化論の答えであり、古神道と同じです。

天地の心のありか尋ぬれば
己が心のうちにぞ有ける

この宗忠の歌も「万物同根」思想が前提

になっています。仏教の「山川草木　悉く仏性を宿している」という教えも同様です。「万物同根」思想が、二一世紀の環境問題解決のための重要な思想になります。そして、「万物同根」は「万教同根」にもなってきます。

「万教同根」はすべての神仏は同じ根から派生しているという考え方であり、「万教帰一」（「すべての教えは結果的に一つの宗教にまとまる」という思想）のように一つにまとめるものではありません。

「万教同根」はお互いを認め、多様性を大切にする思想です。

次の宗忠の歌は「万教同根」を示しています。

神といい佛というも天地の
　誠の中にすめる活（いき）もの

人間の営みや科学技術、価値観もどんどん多様化し、個々がどんどんオンリーワン化しています。世界を一つの価値観にしようとするとお互いが対立し、争いが起きます。現在の民族紛争、宗教戦争がそのケースです。

現在、人類は天地自然への畏怖（いふ）と感謝の念を忘れ、地球規模の環境破壊をしています。「人類は万物の霊長である」といいますが、その発想そのものが人類の大いなる慢心です。人類は太陽、大地、水、空気などによって生かされており、ほかの動植物の生命を食べることで生きています。食事の前の「いただきます」は「動植物の生命をいただきます」という意味もあるのです。人類だけでは一日も生きることはできません。

自分たちは万物の霊長だという慢心から、多くの生物の種を絶滅させ、生きとし生けるもののための地球を汚染・破壊しています。

二一世紀に求められるのは、「お互いの違いを認め、全体としては調和（シンフォニー）をはかる」という思考でしょう。これは人類だけでなく、動物・植物を含め、天地自然の万物に感謝し、調和をはかっていくということです。つまり、人類の行動の起点である精神的な価値観から見直す必要があります。

人類の宗教観はスパイラルアップして、超アニミズムになっていく

宗忠は太陽神・天照太神を中心に、八百万神（やおよろづのかみ）を拝んでいました。彼が行っていた日拝

は縄文時代以前からあった太陽信仰という自然崇拝をバージョンアップしたもので、いわば超アニミズムといえます。

さて、比較宗教学では、最初に「アニミズム（自然信仰、万物霊魂論）」が出て、それから「シャーマニズム」が起きて、多神教となり、最終段階として、「一神教」が生まれたとしています。この過程を宗教の進化としてとらえているようです。

一神教を信じる人たちの中には、多神教は進化途上の信仰だとか、一神教が堕落した姿だと説いている場合があります。しかし、実際の生物の進化の過程からすると、多種・多様化することが進化になりますから、天地自然の道理とは合いません。

天地自然の道理に「螺旋（らせん）を描いて輪廻・拡大していく法則」があります。万物の生命システムはＤＮＡのラセン構造です。地球も自転・公転し、太陽系も公転しているので、ラセン運動になります。

①アニミズム時代　「天地自然に神宿る」という自然や神との一体感があり、さまざまな「風土神（自然神）」を信仰していました。その一方で、人間の自我意識が弱く、多くの迷信もありました。大自然とともに生きるのが、人間の生き方でした。

②多神教時代　人間はだんだん自我が目覚めていくにしたがって、神々に名前をつけ、神話も形成しました。それが「神話神（しんわしん）」です。人間は、多種多様な神々に守護と恵みを祈りました。また、特定の民族が拝む「民族神」や、特定の宗教団体が拝む「宗教神」があらわれました。

③一神教時代　神を全知全能としてとらえるものです。一神教では、唯一神と人間が信仰の契約をして、唯一神が人間に教えを述べ、それに従うことが人間の生き方でした。これが「契約神」です。

④超アニミズム時代　人類の宗教観は大自然を拝むアニミズム（自然崇拝）からどんどん離れていき、一神教がその頂点になりました。人間は物質文明をつくり出しました。しかし、いまだ精神と物質のバランスがうまくとれていません。宇宙船地球号の危機に際して、ここから反転し、螺旋（スパイラル）を描きま

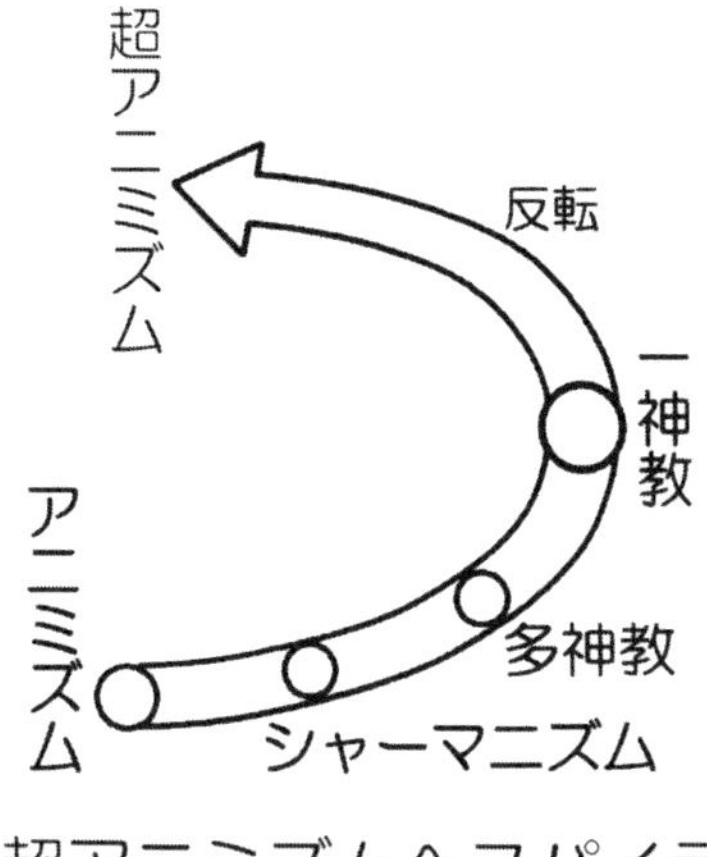

超アニミズムへスパイラルアップする

す。将来はアニミズムと物質文明が陰陽調和した「高次元のアニミズム」時代になるでしょう。

「神人同質」「神仏調和」「万物同根」「万教同根」「寛容と調和」が超アニミズムの思想であり、基本は人類と生き物を生かす「風土神」信仰です。西洋でも、地球生命体ガイアという思想が出てきました。ガイアとはギリシャの地母神です。

古代信仰の基本は風土神（自然神）への感謝でした。天地の神を親神（おやがみ）として、ご開運を祈った黒住宗忠はその先駆者です。今こそ、彼の思想を再評価する必要があると著者は考えています。

寛容と調和こそ、二一世紀の人類の生き方の基本になる

宗忠は他者に対してとても寛容であり、調和を重んじました。太陽は地球の生き物に活力を与え、善人にも悪人にも平等に光を与えます。宗忠は自分を非難・罵倒しに来た修験者の後ろ姿に、拍手を打って、その人のご分心のご開運を祈った人です。

さて、塩野七生氏の『ローマ人の物語』（新潮文庫）を読むと、古代ローマ人は日本人と感性が似ていたことがわかります。ローマ人は三〇万の神々を拝んでいたといいます。これは日本の八百万の神々に近いですね。また、ローマの神々の祭壇とは別に、自分たちの先祖を祀る祭壇があったといいます。これも日本人の神棚と仏壇の関係に似ています。

おもしろいのは、ローマ人は「守護する神々」を拝んでいたということです。日本でも、神仏に頼むのは、守護を頼むためです。「契約神」の場合は、異教とか異端という排他性がありますが、「守護する神々」の場合は多いほど良いので、他者の信仰にも寛容性があります。ローマ人は自分たちが支配した地域の人たちが拝んでいた神々に対する信仰に寛容であっただけでなく、自分たちもそれらの神々を拝むようになり、どんどん神々の数が増えていきました。日本人が仏教や道教を取り入れたのと同様です。日本に宗教戦争がないのは、「守護する神仏は多い方が良い」という感覚が強いからでしょう。

ローマは、戦争で勝った相手と、対等の付き合いをしていきます。実際に、ローマ帝国の属州からも、皇帝が選ばれます。寛容な精神で、古代ローマ帝国は一〇〇〇年の長きにわたって続きました。多神教なので、相手の神々も認めることになります。それぞれの宗教を認めるということは、その民族や国民の精神を認めることになります。

世界の争いにはだいたい宗教がからんでいます。人間の生命を生かし、守護する神仏を信仰することは相手の思想・信条に寛容になるので、宗教戦争が起こらないわけです。人類が守護する神仏を信仰するようになると、宗教戦争もなくなると思います。

古代の信仰では、多くの民族が太陽神と土地神をはじめ、大自然神を拝んでしました。宗忠は特に太陽信仰を大きくバージョンアップさせました。そして、すべての宗教の奥義である「内なる神性」を、彼は「ご分心」としてとらえました。

宗忠は「心の神」を拝み、大切にすることを説き、そのご開運を祈りました。大自然を拝み、自分の「内なる神」を大切にすれば、宗教的争いにはなりません。

「民族の原風景」である神話に人類の現状と解決策が示されている？

近年、人類として残すべき遺産として、大自然の美しさが再評価されてきています。それと同時に、民族の遺産としての神話についても関心が高まっています。神話とは「民族の原風景」であり、人々の無意識の行動にあらわれます。

日本の神話の中で特に注目したいのが、植林の神々がおられることです。スサノオノ尊(ミコト)

とその子神の五十猛命（大屋毘古神ともいいます）たちです。日本神話によると、イザナギノ尊が黄泉国から帰ってミソギをした後に、天照大神、月読尊、スサノオノ尊という「三貴神」と呼ばれる高貴な神々が出現します（これがヨミガエリ〔黄泉帰り〕という言葉の語源です）。

しかし、スサノオノ尊はイザナギノ尊から命じられた海上を治めることもせず、ただ泣きわめいて、青山が枯山になるまで泣き枯らします。

その後、スサノオノ尊は根の国に行く前に、天照大神に別れのあいさつをしに行きます。そして、天照大神との誓約の後、「自分は正しかった」と慢心して乱暴を働いてしまいます。二重に種をまいたり、田の畔を壊して溝を埋めたり、新嘗の祭を汚したりします。これらが天津罪の原型とされます。天照大神はその惨状を目にして、天の岩屋戸に隠れてしまいます。すると、この世は闇となって災いがことごとく起こります。

このスサノオノ尊の慢心した行為は、現代の人類と重なって映ります。人類が万物の霊長として慢心し、欲望のままに森林を伐採したり、海や河や大地に有害物質を垂れ流して汚染しています。そして、環境破壊による異常気象、干ばつ、洪水など災いが次々に起こっています。

天の岩屋戸の前に八百万の神々が集まり、天照大神に出てきていただくために天津宮事という秘儀神事を行います。それによって、アメノタヂカラオノ命が天照大神の手を取り、岩戸から出ていただきます。すると、世の中が明るくなります。

スサノオノ尊は天の岩戸の前で自分の慢心を深くザンゲし、その後、地上に降りて罪ほろぼしをすることになります。スサノオノ尊の八俣の大蛇退治の神話は有名ですが、著者が特に注目しているのは日本全国への植林です。

スサノオノ尊はイタケルノ命、オオヤツヒメノ命、ツマツヒメノ命ら三柱の子神とともに、日本中にさまざまな樹木を植えます。『日本書紀』には、「すべて大八洲国（日本のこと）の内に、播殖して青山になさずということなし」と述べられています。

和歌山県の旧国名を紀伊国といいますが、これはイタケルノ命たち三神が植木した「木の国」という意味で、その大いなる功績によって紀伊国一の宮・伊太祁曽神社（和歌山市伊太祈曽）の主祭神として祭られています。

スサノオノ尊は、世界の神話でも珍しい植林の神として、子神であるイタケルノ命たちとともに大自然をよみがえらせたわけです。何と心やさしくエコロジー性にあふれ、メッセージ性が高い、世界に誇れる神話でしょう。私たちは植林の神話を見直し、それを世界規模で行う必要があります。

人心の荒廃が環境破壊、戦争、ウイルスの大流行を招く

二一世紀に入り、地球環境破壊と地域紛争が深刻化してきました。人類の歴史において、多くの文明が興（おこ）り滅亡してきました。メソポタミア文明をはじめ、多くの文明は森林の喪失によって食糧不足や環境の悪化、人心の荒廃などを招き、衰退していきました。森林は生態系の生産者であり、地球の生態系維持の最後の砦（とりで）です。

実は人間の争いは、大自然の破壊とリンクしています。大自然を破壊するメンタリティ（精神性）が人間同士の争いを起こします。戦争の破壊兵器も、大規模な大気汚染や環境破壊を招いています。

また、中東やアフリカなど現在の紛争地をテレビで見ていると、多くが荒地か砂漠の地域です。大地に荒地や砂漠が増えると、人間の心が荒れて「砂漠化」してくるのです。「心の砂漠化」と地球の砂漠化はペアになっているのです。

というのも、戦争や紛争による大量殺戮（さつりく）（ジェノサイド）の前には、よく森林の喪失や

環境破壊があります。そして、それを引き起こした人間たちも、戦争によって悲惨な結末を迎えます。著者はそれを**「森林破壊と戦争の法則」**と呼んでいます。

「人間は天地自然への畏敬の念を失うことで、森林を伐採し、破壊する。そして、人間同士でも争いを始める」

人間同士の争いとは一種の〝共食い〟です。二〇世紀は二度の世界大戦をはじめとした大規模な戦争と、地球規模の環境破壊と森林喪失の世紀でしたが、二つは連動しています。人類はいままで大自然を征服していくことで、物質文明を興してきました。しかし、それが地球環境の破壊と人心の荒廃を招きました。

アメリカ合衆国のオバマ大統領はグリーン・ニューディール政策として、太陽光発電や風力発電など大自然のエネルギーを活用する政策をかかげています。

江戸時代までの日本人は大自然との共生と自給自足を旨としていました。日本こそ太陽光発電を中心とした自然エネルギーや電気自動車、農業で雇用をつくり、経済危機と食糧危機を乗り切ることです。

オバマ大統領は二〇〇九年四月、チェコのプラハで「核なき世界」という演説を行いました。その中で、「米国は核兵器を使用した唯一の核保有国として、行動する『道義的責任』がある」と述べ、アメリカ合衆国の大統領として『道義的責任』という言葉を使いました。日本も唯一の核被爆国として、「核なき世界」へ向けて積極的に活動すべきです。

人類が大規模な戦争を起こすと、ウイルスが猛威をふるいます。人類は常に、ウイルスに悩まされてきました。動物には必ず天敵がいて、その種が暴走しないように数を抑制します。「人類の天敵こそウイルスである」と著者は考えています。人類の驕り・慢心を厳しく戒めているのがウイルスです。

ウイルスはある意味で、大自然の番人です。ジャングルの中には、人類の未知のウイルスが多く潜んでおり、森林伐採によって、人間社会に新たなウイルスがもたらされます。人類が大自然を破壊し、人心が荒廃してきますと、ウイルスは天敵として人類を懲らしめ、猛省を促しているように、著者には思えてなりません。

実際、ベトナム戦争（一九六〇～七五年）の後に、アメリカでは麻薬が流行し、七八年に突然、エイズが流行しました。ベトナム戦争ではアメリカは猛毒の枯葉剤を使い、人間と生態系に大きな被害をもたらしました。

歴史上、ウイルスによって大量の死者が出たのが、スペイン風邪とペストです。一九一四年から一八年に第一次世界大戦がありました。当時の欧米列強はアフリカ、アジア、中南米を侵略し、多くの国々を植民地にしていました（日本も朝鮮半島を植民地にしました）。その一八年から一九年に、スペイン風邪のパンデミック（世界的大流行）が起きました。

世界で感染者が約六億人になり、死者は四〇〇〇万人にのぼったともいわれています。その時の世界の人口は約一八億人ですから、約三割が感染したことになります。そして、スペイン風邪の世界的大流行によって、第一次世界大戦の終結が早まったといわれています。

また、一四世紀には、ヨーロッパでペストが大流行しました。その際、ヨーロッパの全人口の約三割が死亡したとされます。一〇九六年から十字軍の遠征が始まります。十字軍とは西ヨーロッパのキリスト教国が聖地エルサレムをイスラム教国から奪還すべく派遣した遠征軍で、独善的で無用な侵略戦争を行いました。十字軍はキリスト教国の慢心から生まれたものです。

一三世紀まで七回の十字軍の遠征を行って、結局失敗します。一四世紀にも、小規模な十字軍の遠征が数回ありました。一三三七年から一四五三年の一一六年間に、イギリスとフランスが「百年戦争」を起こしました。無用な戦争を連続的に起こすヨーロッパ諸国に対して、ウイルスが猛威をふるったのではないでしょうか。

二一世紀は二〇〇一年の九・一一の同時多発テロからスタートし、アフガニスタン、イラクと戦争が拡大していきました。テロと戦うのではなく、「何がテロを起こすのか」と考え、テロの原因を減らすための対策を行うべきでしょう。テロとは症状（現象）であり、テロを起こす原因があるのです。

現在、全世界的に紛争が頻発し、数千万人にものぼる大量の難民が発生しています。また、七人に一人が飢餓で苦しんでいます。世界の五歳未満の子どもの三人に一人は栄養不足におちいっています。それらは森の喪失と、民族や種族間の争いが原因になっています。

二〇〇九年春、新型インフルエンザが世界的に流行し、今後、強毒性の新型インフルエンザのパンデミックの発生が懸念されています。地球環境悪化を食い止め、緑化を促進すると同時に、パンデミックを防ぐ世界規模の徹底的な対策が最重要です。

「心の岩戸」を開き、神人和楽を目指す

二一世紀の現在、人類はいままでの行状を謙虚に反省し、人類の価値観を「寛容と調和、人類の平和と大自然との共生」に大きく転換することが強く求められています。人類は精

神面・経済面も含め、あらゆる面で、大自然との共生と積極的な活用を全世界的に行う必要があります。

地球の気候変動対策でも、二酸化炭素をたくさん吸ってくれる植物を増やす「緑化（りょくか）」が効果ある対策です。地域の緑化を行い、森林を増やすことで、人類の心に潤いが生まれ、人々の心が癒されていきます。それが拡大すれば、人類の平和にだんだんつながるのです。「天照大神の三大神勅」と宗忠の思想をもう一度、日本人は思い起こす必要があります。人類が危機的状況を迎えているのは、太陽や大地をはじめ、天地自然の恵みに対する感謝を忘れたことが遠因になっています。宗忠は太陽神の恵みを約二〇〇年前に唱えました。まず、太陽や地球の恵みに対する感謝からスタートすることです。それは天地自然の神仏に感謝し、ご開運を祈る超アニミズムです。

宗忠がさきがけとなった「万教同根」に基づく「大自然神の信仰」と「内なる神性」信仰のヨミガエリが、人類の寛容性と調和に大きく寄与し、それが人類の平和にだんだんつながっていくと思います。

宗忠は野に咲く花を愛でて、美しい夕日に感動の涙を流す人でした。大自然を愛し感謝する人を、神仏は特に守護します。宗忠が神に愛された人物であったのは、神のご開運を祈ったことと同時に、大自然を愛したからです。

著者は宗忠先生のこの大自然を愛でて、その美しさに感動する豊かな情愛が大好きです。宗忠の心を見習い、著者は心ある人とともに「まほろば基金」を設立し、植樹活動への協賛などを一〇年以上行っています。

宗忠は自らの「心の岩戸開き」を行い、その至誠が天に通じて、大いなる神秘体験によって神人となった人物だといえます。宗忠の周りは高天原となり、宗忠は神人和楽の世界に生きました。私たちも宗忠を見習い、一人ひとりが「心の岩戸」を開き、寛容と調和の心をもって、神人和楽を目指していきましょう。

付章

慈愛の聖者・宗忠はイエス・キリストと同じ系統のミタマか？

黒住宗忠はイエスの後半の人生を生きた？

黒住宗忠は、人間から神になった存在の中でトップクラスではないかと思います。「子の年、子の月、子の日」に生まれること自体、尋常ではありません。それも〈日の出〉の時刻でした。

さらに、文化一一年一一月一一日のまさに冬至の日に、日の出の太陽によって、天命直授に到りました。そのようにピッタリとよいタイミングで悟りを開こうと思ってもできるものではありません。もともとのミタマが、私たちの想像をはるかに超える大きな存在なのでしょう。

宗忠は地球をより良い方向に導くために、その時代、その民族に応じた形で現れている存在の一人だと考えられます。そういう人間のことを、ヨーガではアヴァター（降臨者）といいます。神人が時代と民族に応じて降臨してくるということです。

さて、ここで私は、黒住宗忠とイエス・キリストとの著しい類似性を通して、「黒住宗忠とイエス・キリストが同じ系統のミタマである」という大胆な仮説を展開してみたいと思います。宗忠は幕末に、イエス・キリストのさまざまな奇跡を再現したのですが、実は同じ系統のミタマだからできたと私は考えるに至りました。

前著『太陽の神人　黒住宗忠』の第2章に、「イエス・キリストをほうふつとさせる宗忠の日常生活」ということで、私の本では珍しく『新約聖書』の引用がかなりあります。死者ヨミガエリの奇跡を起こしたり、嵐を鎮めたとか、説法を聞いている人の目が治ったとか、『新約聖書』の記事と宗忠の逸話が共通していて、「聖書に出ている内容をそのまま幕末に再現した」と書きました。

イエスは水面の上を歩きました。これは、宗忠は足跡が地面に付かなかったエピソードと似ています。

著者は『太陽の神人　黒住宗忠』を書いた頃、イエス・キリストはユダヤ人というイメージが強かったので、宗忠とイエスそのものを結びつける発想をしませんでした。イエスはもともと、太陽信仰をしていたユダヤ教の秘教集団であるエッセネ派に属していたのです。「エッセネ派のイエス」として認識した時に、黒住宗忠のミタマとの著しい類似性が浮かび上がったのです。

イエスは三〇歳で布教に立ち、数々の奇跡を起こして、三三歳で磔（はりつけ）になって昇天しまし

た。宗忠は三三歳の時に両親の急死に遭い、自分も死の病になり、日拝によって九死に一生を得ます。そして、三五歳の誕生日に天命直授となり、慈愛に満ちた心でイエスに酷似した奇跡を起こしながら、鎮魂の大道として「人間の生き方」を説きました。

死に直面した年齢も一致し、奇跡も酷似していることから、私は若くして昇天したイエスの後半生を宗忠が日本において生きたのではないかと思います。彼の天命直授は、イエスからのバトンタッチをあらわすものだと推察します。

宗忠はイエスと同じ系統のミタマと推察する

神社において、本殿にご祭神の和魂（にぎみたま）を祭り、奥宮にご祭神の荒魂（あらみたま）を祭るということはよくあります。和魂は調和をもたらし、荒魂は物事の現象化をもたらす働きをします。

たとえば、茨城県鹿嶋市に鎮座する常陸国（ひたちのくに）一の宮・鹿島（かしま）神宮は本殿にタケミカヅチノ大神の和魂を祭り、参道の奥に鎮座する奥宮にはタケミカヅチノ大神の荒魂を祭っています。

神社に参拝する場合は、奥宮やそのご祭神の荒魂を祭る神社は、ともにお参りするとよいでしょう。

さて、一霊四魂は「生まれ変わり」とも深く関わります。通常、ある霊魂が別の時代に生まれ変わるという「単一的再生論」でとらえがちですが、古神道では、四魂が分離して、現世のさまざまな時代にあらわれることがあるというのです。

偉大なご存在（神）が自分の四魂のうち、〔奇魂〕を二〇〇〇年前にイエス・キリストとして、ユダヤの地につかわし、二〇〇年前に黒住宗忠として〔和魂〕を「子の年・子の月・子の日」に日本へつかわし、人類の霊性と精神の向上をはかったのではないか、と著者は考えています。奇魂は奇しき神秘力を発揮する働きです。

イエスと宗忠は歴史上ではそれぞれ働きが違いますし、ミタマの違いで性格は微妙に違うのですが、人生を歩むパターンや事跡が似ています。ただし、これはあくまでも私の仮説であり、科学的に証明しようもないことなので、読者の皆さんには一つの興味深い仮説として読んでいただければ幸いです。

『太陽の神人　黒住宗忠』では、「イエスはエッセネ派に属していて、太陽信仰をしていた」と紹介しました。イエス・キリストはキリスト教の開祖というよりも、エッセネ派に属したユダヤ教の改革者でした。エッセネはコトタマ的には伊勢に通じます。不思議なことに、伊勢神宮の創建はちょうどイエスが誕生した年前後に当たります。

宗忠はエッセネ派にいた頃のイエスの前世の記憶を引き継いで、日本人として生まれてからも太陽信仰と伊勢信仰を行ったのかもしれません。

歴史上の宗教者の中には、病気治しをしたり、天候の奇跡を起こす人物が少なくありません。しかし、本書や前書『太陽の神人　黒住宗忠』で紹介している数多くの奇跡やエピソードを残しているのは、著者が知っている限り、世界でもイエス・キリストと黒住宗忠だけです。宗忠が「奇妙なることは会ごとにござそうろう」と書いているように、奇跡は日常茶飯事で起こっていました。

赤木忠春、宗忠の神力で失明からよみがえる

「マタイによる福音書」には、イエスが目が見えない人を癒した記述があります。

「ふたりの盲人が、『ダビデの子よ、わたしたちをあわれんで下さい』と叫びながら、イエスについてきた。そして、イエスが家にはいられると盲人たちがみもとにきたので、彼らに言われた。

『わたしにそれができると信じますか』

彼らは言った。
『主よ、信じます』
そこで、イエスは彼らの目にさわって言われた。
『あなたがたの信仰どおり、あなたがたの身になるように』
すると彼らの目が開かれた」（第九章二三～三〇）

○黒住宗忠の場合

高弟の赤木忠春（本姓は菅原）は文化一三年、美作国久米南条郡（岡山県津山市）の中庄屋・陶太郎左衛門の次男として生まれました。二〇歳の時に、同郡中籾村の大庄屋・赤木常五郎の養子となりました。

ところが、二二歳の春、不幸にして眼を病んで、さまざまな治療の甲斐なく、ついに失明の身となります。それ以後の八年間、三〇歳の時まで暗闇の世界に沈んでいました。しかも、養子の身ですから、人知れぬ深刻な苦悩があったのです。

さて、赤木が八年間の悲境に沈んでいる時、同じ美作国の中庄屋に西村斉助（さいすけ）という親戚がいました。彼のことを深く同情し、宗忠の癒しの神術（ヒーリング）を勧めました。

「それはかわいそうなことだ。備前の上中野の黒住先生のところへ行って、〝おかげ〟をいただくようにするとよいよ」

「叔父さん、せっかくですが、私も長持に二ハイくらいは青表紙（経書類）も読んでおりますが、医術の力ではどうすることもできません。八年も経っている私の盲目が、田舎の神主さんのおまじないで治るものとは考えられません。いまさら、そんなことに迷おうとは思いません」

赤木はその親切には感謝しながらも、宗忠のところへ行って〝おかげ〟を受ける気にはなれなかったのです。彼は頑固にも、幾度の勧めを拒みました。この忠春のような考え方は現代人、特に知識人に多いものです。

ある時、これで最後と思って勧めたのを拒否されると、西村もついに激怒します。

「宗一郎、もう今日からこのわしはお前を甥とは思わぬ。わしがせっかく親切をもって、若い身なのに盲目で不自由するのを心からかわいそうに思って勧めるのに、なにかと理屈をこねて、わしの言うことを聞かぬ。

わしをバカにしておるのだ。学問がどうのとあれこれ言うが、世の中には論より証拠ということがある。上中野の先生のところでは、労咳も治れば、らい病（ハンセン病）も治る。眼も開けば、不自由な足も治る。現にこの目でわしが見ておるのだ。が、もう言わぬ。今日から、叔父・甥の縁を切ろう」

これを聞くと、さすがの忠春もびっくりして、叔父に詫びます。

「叔父さん、なにも勘当まで言われることはないと思います。叔父さんのご親切はありがたく感じまして、お礼を申しております。ただ、私はどうも〝おかげ〟というようなことを信じられないので、それでお断りしたまでです。今まで親切を無にしたことは悪うございました。参りますから、連れて行ってください」

忠春は西村に導かれて、上中野（今の大元）へ参拝し、初めて宗忠の講釈を聴聞します。はじめは、多少の好奇心程度でたいした関心もなかったのですが、だんだん聞いているうちに、考えが変わってきました。

「この人の説かれるところは、漢籍からくる講義でもなく、国学者の古典の解説でもなく、といって心学道話の世俗一遍の解釈でもなく、どこか違うところがある。なにかしら、強いものがある。ヒシヒシと、人に迫る力がある。いきいきと人を生かすものがある。これは今まで考え違いをしていたようだ。このお方は偉いお方である。尊いお方である」

根が純真、率直な人だけに、非常に敬服し、聞いているうちにだんだんと宗忠にいよいよ敬服し、頭を下げ、感に堪えて熱心に聞いていました。

イエスはたとえ話をしながら教えを説きましたが、宗忠も同様でした。釈尊も相手に応じて話をしました。それを対機説法といいます。宗忠は忠春の疑り深さや強情さを感じ取り、昔話に出てくる『筏仙人』の話をしました。その話の筋は、次のようなものです。

「昔あるところに、あほう正直というほどに正直一辺倒な男がありました。ある人から、蓬莱島という仙人の住むめでたい島があることを聞いて、そこへ行きたいと一途に思いました。その蓬莱島のありかを多くの人々に尋ねましたが、だれも知る者がなく、教えてくれる書物もありません。

しかし、彼は方々訪ねて、遠く出羽の国まで行きましたところ、ある町の米屋の主人が、その男の愚直なことを見抜き、この男を利用してやろうと思いました。

『わしの言う通り、三年間、米をふんで（唐臼で精米すること）働いたら、蓬莱島へ行く方法を教えてやろう』

と言ったところ、男は目を輝かせて喜び、それから三年間、欠かさず一生懸命に米をつきました。米屋の主人はただで米をつかせて、ひそかに喜んでいました。

やがて三年の月日が経ち、その男が頼みました。

『約束の通り、蓬莱島への道を教えてくだされ』

主人はハタと当惑しました。しかし、悪知恵にたけた米屋の主人は、「よし、仕方ない、一つだましてかたづけてくれよう」とよからぬことを考え出します。そこで、その男に言います。

『教えてやるから、今夜わしについてこい。何でもわしの言う通りにするんだぞ』

その夜、近くの山中へ連れていきます。やがて、千尋（せんじん）の谷間に突き出ている一本の大きな木がありました。

『蓬莱島に行きたいのなら、あの木に登れ』

その男は、何の疑いもせずに、

『いよいよ多年の願望成就、蓬莱島へ行く時が来た』

といそいそと、主人の命令通りその木へ登りました。

『オーイ、もっと上へ登れ』

早速、その通りに木の上の方へ登っていきます。今度は、

『谷の真上に出ている枝に移れ』

と言います。その命を聞くやいなや、何のためらいなく、即刻その枝へ移っていきます。『足を離せ』と言うと、すぐ足を離し、『左の手を離せ』と言うと、すぐ左の手を離します。右手だけで、危ない枝にぶら下がっています。下はまさに千尋の谷間で、落ちたら即死です。

その時、残酷な主人は『右の手も離せ』と最後の厳命を下しました。主人を信じきって、蓬莱島へ行けることを信じきっている男は、残る右手もパッと離しました。

あわや谷間へ、と思われた瞬間、にわかに紫の雲がたなびき来たって、その男を乗せて遠くへ、天上はるかに運び去りました。この男は仙人になって、筏仙人とも言われます。その仙人を祭った神社が、今も出羽国（秋田県）にあるということです」

宗忠はこの説話を話した後、「正直の徳」を強調し、「至誠、天に通ず」ということを説いたのでした。疑り深い忠春にはとても効果的な話で、彼の感激はここに極まりました。八年間、目が見えないということも忘れてしまって、思わず頭を上げました。

「一体、こういうありがたい力強いお話をされるお方はどういうお方であろうか」

すると、不思議なことに、高座の宗忠の顔がだんだん見えてきたのです。

「ああ、見える。目が見えるようになった！　ああ、ありがたい」

八年間の盲目が開眼したのです。宗忠の天言により、眼に光が差したのです。驚くべきおかげをいただいた忠春は、その時の感激をこう詠んでいます。

「夢さめて　おのが住みかを　よく見れば　天照る神のふところの中」

忠春はその場で宗忠の弟子になったのでした。

宗忠とイエスの酷似性を示す奇跡の数々

さらに、宗忠とイエスの奇跡の酷似性を詳しく述べて、宗忠がイエスに匹敵する神通力をもった聖者であることを明確にしたいと思います。

〔死んだ人間を生き返らせる〕

イエスの奇跡の中で有名なものに、死んだ人間を生き返らせたというものがあります。

「ひとりの会堂司が来て、イエスを拝して言った。

『わたしの娘がただ今死にました。しかし、おいでになって手をその上においてやってください。そうしたら、娘は生き返るでしょう』

（中略）イエスは司の家に着き、笛吹きどもや騒いでいる群衆を見て言われた。

『あちらへ行っていなさい。少女は死んだのではない。眠っているだけである』

すると人々はイエスをあざ笑った。

しかし、群衆を外へ出したのち、イエスは内へはいって、少女の手をお取りになると、少女は起きあがった」（「マタイによる福音書」第九章一八～三〇）

○黒住宗忠の場合

備中玉島（たましま）（現・倉敷市玉島）に住む中野屋庄兵衛（なかのやしょうべえ）という男がいました。この庄兵衛が重い病になり、臨終の一歩手前になりました。そこで、庄兵衛は枕元に集まっていた家族・縁者に頼んだのです。

「天命であればこれもしかたない。最後に黒住先生のオマジナイを受けて、それでも死ぬなら本当に天命と思うことができる。どうかこの願いをかなえてくれ」

それに対して、家族・縁者は全員反対しました。なぜなら、宗忠が住む中野までは七里（約二八キロ）以上もの道のりがあります。しかし、庄兵衛はさらに懇願しました。

「どうせ死ぬ身だ。後生だから、わしを駕籠に乗せて中野まで運んでくれ」

その熱意に周囲もようやく折れて、駕籠を用意して中野へと向かいました。ところが、あと少しで中野という時、庄兵衛はこと切れました。

「せっかくここまで来たんだ。庄兵衛の遺言だと思って、せめて先生のオマジナイだけでも受けさせてやろう」ということで、黒住家に死体を運び込むことになりました。

宗忠はすでに冷たくなっていた死体を神前に横たえて、その場に居合わせた神職の松岡清見に、死者の体に手を当てるマジナイをするように頼みました。そして、自分自身は一心に祈念し、何本目かのお祓いがすんで、宗忠は急に力強く「ウン！」という気合をかけました。

その気合に呼応するかのように、なんと冷たかった庄兵衛の体にスーッと赤みが差してきて、心臓の鼓動が始まり、生き返ったのです。

さらに、岡山藩士の福田丑之介という人は、三度まで医者から死の宣告を受けるほどの瀕死の状態になったのを、宗忠の祈願によって四度まで生き返りました。さすがの宗忠も四度までもよみがえった、あまりの神徳のありがたさに、自ら感嘆したといいます。

〔お酒に変化させる〕

「ヨハネによる福音書」には、イエスが水をぶどう酒に変える、という奇跡をあらわした記述があります。

「イエスも弟子たちも、その婚礼に招かれた。（中略）ユダヤ人のきよめのならわしに従って、それぞれ四、五斗もはいる石の水がめが、六つ置いてあった。イエスは彼らに、『かめの水をいっぱい入れなさい』と言われたので、彼らは口のところまでいっぱいに入れた。そこで、彼らに言われた。『さあ、くんで、料理がしらのところに持って行きなさい』すると、彼らは持っていった。料理がしらは、ぶどう酒になった水をなめてみたが、それがどこから来たのか知らなかったので、（後略）」（第二章一～九）

○黒住宗忠の場合

備前尺所（しゃくそ）の門人である大森武介は酒造家でした。その酒庫にある酒の大半が腐敗してしまいました。それを宗忠は祈願によって、一夜のうちに元の酒に戻したという奇跡があります。

また、宗忠はほとんど枯死しそうになっていた備前藩所有の竹林を、祈願によって蘇生させたこともあります。物質の変化現象は神人の神通力によってこそなせるものです。

〔地球の重力を無視する〕

「マタイによる福音書」には、イエスが海の上を歩いたというエピソードがあります。「イエスは夜明けの四時ごろ、海の上を歩いて彼らの方へ行かれた。弟子たちは、イエスが海の上を歩いておられるのを見て、幽霊だと言っておじ惑い、恐怖のあまり叫び声をあげた。しかし、イエスはすぐに彼らに声をかけて、

『しっかりするのだ、私である。恐れることはない』

と言われた。すると、ペテロが答えて言った。

『主よ、あなたでしたか。では、私に命じて、水の上を渡ってみもとに行かせてください』

イエスは、『おいでなさい』と言われたので、ペテロは舟からおり、水の上を歩いてイエスのところへ行った。

しかし、風を見て恐ろしくなり、そしておぼれかけたので、彼は叫んで、

『主よ、お助けください』

と言った。イエスはすぐに手を伸ばし、彼をつかまえて言われた。

『信仰の薄い者よ、なぜ疑ったのか』

ふたりが舟に乗り込むと、風はやんでしまった。舟の中にいた者たちはイエスを拝して、

『ほんとうに、あなたは神の子です』と言った」(第一四章二五～三三)

○黒住宗忠の場合

宗忠の門人に、備前藩の主席番頭(ばんがしら)で土肥右近(どいうこん)という武士がいました。土肥は宗忠を招いて道の話を聞いたあとは、必ず玄関まで師を見送り、履物をそろえました。宗忠に対して門人としての礼を尽くしたのでした。

ところが、土肥の家臣がこのような主人の行動を快く思わず、次のように進言しました。

「いかに崇敬(すうけい)しているとはいえ、四二〇〇石取り大家の当主が、たかが田舎神主の履物をそろえるのはいかがなものでしょうか」

右近は、「わかった」とうなずくのですが、宗忠が訪れると、以前と変わらず履物をそろえました。その家臣はたまりかねて、主人に強く苦情を申し立てました。すると、右近はその家臣に向かって、静かに命じました。

「式台から玄関まで、先生がお帰りになった跡を調べてみなさい」

主人の命に従って、しぶしぶ宗忠が歩いた跡を調べた家臣は、愕然（がくぜん）としました。なんと宗忠が来る前に通り道は掃きそろえられ、きれいにほうきの目が入っていたのですが、そのほうきの目が来る前と少しも変わらなかったのです。つまり、遠くに宗忠が歩いていくのが見えているのに、その履物の下駄の跡がどこにも残されていなかったのです」（参考・不二龍彦著『日本神人伝』学習研究社）

また、雨の日に宗忠がゲタで歩いてきたのに、足跡がつかず、ゲタの底もまったく汚れていなかったという話もあります。

さらに、宗忠は修行として早朝の五社の神社参りを行っていました。五社とは今村宮（自分の産土神社）、白髭宮（母親つたの産土神社）、吉備津彦神社（備前国一の宮）、吉備津神社（備中国一の宮）、庭瀬（にわせ）神宮の五社です（二三四ページ参照）。通常の人間は一日がかりでないとできない距離なのですが、それを早朝の一時間ほどの間にすませています。

宗忠は一〇〇キロほどの巨体で草履をはいて、跳ぶように移動していたわけです。ヒマラヤの聖者の中には山々を飛ぶように移動するという話がありますが、まさしく宗忠は人間の常識を超えた神通力があったのです。

なお、著者は宗忠の五社参りを参考にして、自分の産土神社を中心に一の宮などを巡拝して、守護と後押しをいただく「守護神社ネットワーク」という開運法を、ビジネスの成功に活用しています。読者の皆さんも行ってみるとよいでしょう。

〔暴風雨を鎮める〕

暴風雨の海を叱って鎮めた、ということが『新約聖書』の「マタイによる福音書」第八章に記されています。

「イエスが船に乗り込まれると、弟子たちも従った。すると突然、海上に激しい暴風が起こって、船は波にのまれそうになった。ところが、イエスは眠っておられた。そこで、弟子たちはみそばに寄ってきてイエスを起こし、『主よ、お助けください。私たちは死にそうです』と言った。

するとイエスは彼らに言われた。『なぜこわがるのか、信仰の薄い者たちよ』。

それから、起きあがって、風と海とをお叱りになると、大なぎになった。彼らは驚いて言った。『この方はどういう人なのだろう。風も海も従わせるとは』」

○黒住宗忠の場合

前述のように、宗忠は弘化三年（一八四六）三月八日、和歌の懐紙を海に投げて一瞬のうちに暴風雨の海を鎮めるという奇跡を起こしています。

〔言霊による大いなる癒し〕

古今東西を問わず、言葉に神と生命をみて、力の根源としている例は多いです。「マタイによる福音書」第九章には次のような記述があります。

「人々が中風の者を床の上に寝かせたままで、みもとに運んできた。イエスは彼らの信仰を見て、中風の者に、『子よ、しっかりしなさい。あなたの罪はゆるされたのだ』と言われた。（中略）中風の者にむかって、『起きよ、床を取りあげて家に帰れ』と言われた。すると、彼は起きあがり、家に帰って行った。群衆はそれを見て恐れ、こんな大きな権威を人にお与えになった神をあがめた」

○黒住宗忠の場合

伊東左兵衛は二六年間大病を患っていました。宗忠が彼に話しました。

「食通らぬと申すところ、御覚悟はごもっともなり。しかし、この道は形をば病にまかせ、心は天照大神と御一体と申す心におなりなされ。今より、心ほどはさっぱりと御平癒なされ候。さ候えば、形も直ちにおなりなさるべし」

すると、「不思議なるかな、二六年の病そのまま平癒され、二十日ぶりには出勤いたされ、土用中も日勤いたされ、まことに思えば夢のようにござ候」と宗忠が書いています。

お釈迦さまは「太陽の末裔」と称していた

ここで、アジアが生んだ聖者であるお釈迦さまに関する興味深い説を紹介しましょう。お釈迦さまの名前は釈迦族という民族から来ています。最古の経典である『スッタニパータ』には、釈尊自身、自分のことを「太陽の末裔」と称したとあります。古代インドは大月氏、月氏が大きな力をもっていたのですが、釈迦は「日氏」だといわれています。

釈迦族とはどういう種族か謎でした。釈迦族はヒマラヤの南のネパールか、もしくはインドの北部にいた農耕民族で、米を食べていたといわれています。釈尊の父はシュドーダーナといいますが、中国語に訳すると浄飯王になります。その兄弟も白飯、甘露飯という名前で、稲作と関係が深いことがうかがえます。

農耕、稲作ではお天道さまの力がすごく必要です。それで、太陽信仰をやっていたと考えられます。釈尊が始めた仏教が日本に来て花開いたということは、釈尊の考え方は日本の古神道的なものに近かったからなのかもしれません。

ネパールやブータンは、日本の山村に雰囲気が似ています。釈尊の教えは、基本的に日本人に受け入れられやすかったのではないかと思うのです。

宗忠は深い慈愛と神通力を兼ね備えている慈愛の聖者だ

イエスは隣人愛や人類愛を説いたわけですが、愛にはレベルがあります。イエスは智慧や慈悲もあわせた高次の愛を説いたのですが、現在はレベルに関係なく、愛という言葉が独り歩きしています。「愛は地球を救う」という言葉がありますが、智慧や慈悲が含まれてこその話です。

親が子どもに対する愛情はあっても、それが偏愛になったり、自我欲のある愛になったりする場合があります。ボランティアでも、ただ食べ物を与えるだけでは相手は働かなくなり、タカルようになったりします。智慧があってこそ、自助自立ができてきます。人を育てるには智慧や創意工夫が必要です。

慈悲の〝慈〟とは慈しみの心、〝悲〟とは人の悲しみを自分の悲しみと観る心です。慈悲になるには愛と智慧が必要です。その人の上から引き上げたり、その人の下にもぐって押し上げたり、多方面から助ける働きが慈悲です。

通常の愛は平等と同じ水平イメージがあります。隣人愛もそうです。人類はすべて平等だというのも水平イメージです。キリスト教がベースにある西洋は、「平等」思想が必然的に出てきます。

宗忠も身分社会であった江戸時代に、門人・信徒はすべて平等に扱いました。そして、彼の周りは笑顔と陽気さであふれていました。

慈悲はタテの働きです。上になったり下になったり、いろいろな角度から育て慈しむことによって、人は救われていきます。『般若心経』は智慧の経文といわれています。『般若心経』は「観自在菩薩」から始まります。観自在菩薩とは般若の智慧（パーラミター）をあらわします。智慧を出している観音さまが「観自在菩薩」で、智慧によって自在になります。「神のご開運を祈る」ことは、宗忠の大いなる智慧でした。

それに対して、「観世音菩薩（かんぜおんぼさつ）」は、慈悲の菩薩です。宗忠はまさしく慈悲の権化（ごんげ）でした。愛と智慧の観自在菩薩と慈悲の観世音菩薩がいっしょになって、〈観音の心〉になります。愛と慈悲、智慧が融合することで、高い次元の慈愛になります。宗忠は情の深さから、両親の急死を悲嘆して、死の病にかかりました。そこから復活して、「情深くして、情に迷わず」の心境になり、観音のような心をもつに到りました。

宗忠はまさに深い慈愛の聖者であり、観音の心をもった高徳の人物でした。そして、宗忠は太陽のような温かい心をもち、慈愛と驚異的な神通力を兼ね備えていることで、釈迦やイエスと同等の神人といえます。釈迦は智慧と慈悲を説き、イエスは愛を説き、宗忠は「人の道が神にいたる道であり、神のご開運を祈ること」を説きました。

宗忠は晩年、自分と釈迦、孔子の天命易（てんめいえき）を立てましたが、著者は「インドの釈迦」「ユダヤのイエス」に続く聖者が、「日本の黒住宗忠」だと確信しています。このような世界に誇れる偉大な人物を、同じ日本人として、今後も大きく顕彰して、世界に伝えていきたいと思っています。

◎黒住宗忠に関係する神社・聖地をご紹介します。関心のある方は参拝するとよいでしょう。

黒住教本部

〒701―1212　岡山市北区尾上神道山

TEL086（284）2121

http://www.kurozumikyo.com/

本部には宗忠直筆のご神号や書などを所蔵する宝物館があります。本部の背後には黒住宗忠の奥津城（おくつき）（お墓）もあります。神道山は第4章で述べましたように、吉備の中山と呼ばれる古代巨石遺構がある聖地です。山麓には備前国一の宮である吉備津彦神社と、備中国一の宮である吉備津神社が鎮座しています。

大元・宗忠神社

〒700―0972　岡山市北区上中野一―三―一〇

TEL086（241）0148

宗忠神社の境内には、宗忠の住居が記念館として保存されています。近くには、宗忠の産土神社であり、宗忠も奉職していた今村宮が鎮座しています。また、岡山市内には「元伊勢」である伊勢神社（番町）と内宮（浜野町）が鎮座しています。

京都神楽岡・宗忠神社

〒606−8314　京都市左京区吉田下大路町六三

TEL075（771）2700

　宗忠神社は天照大御神と宗忠大神を祭っています。その境内には、赤木忠春を祭る忠春社と、地主神である白山社（しらやましゃ）が鎮座しています。赤木と白山で、ちょうど「赤白」になっています。また、吉田神道の家元だった吉田神社と、日本の神々をすべて祭るとされる大元宮もともにお参りするとよいでしょう。

大元・宗忠神社（岡山市）

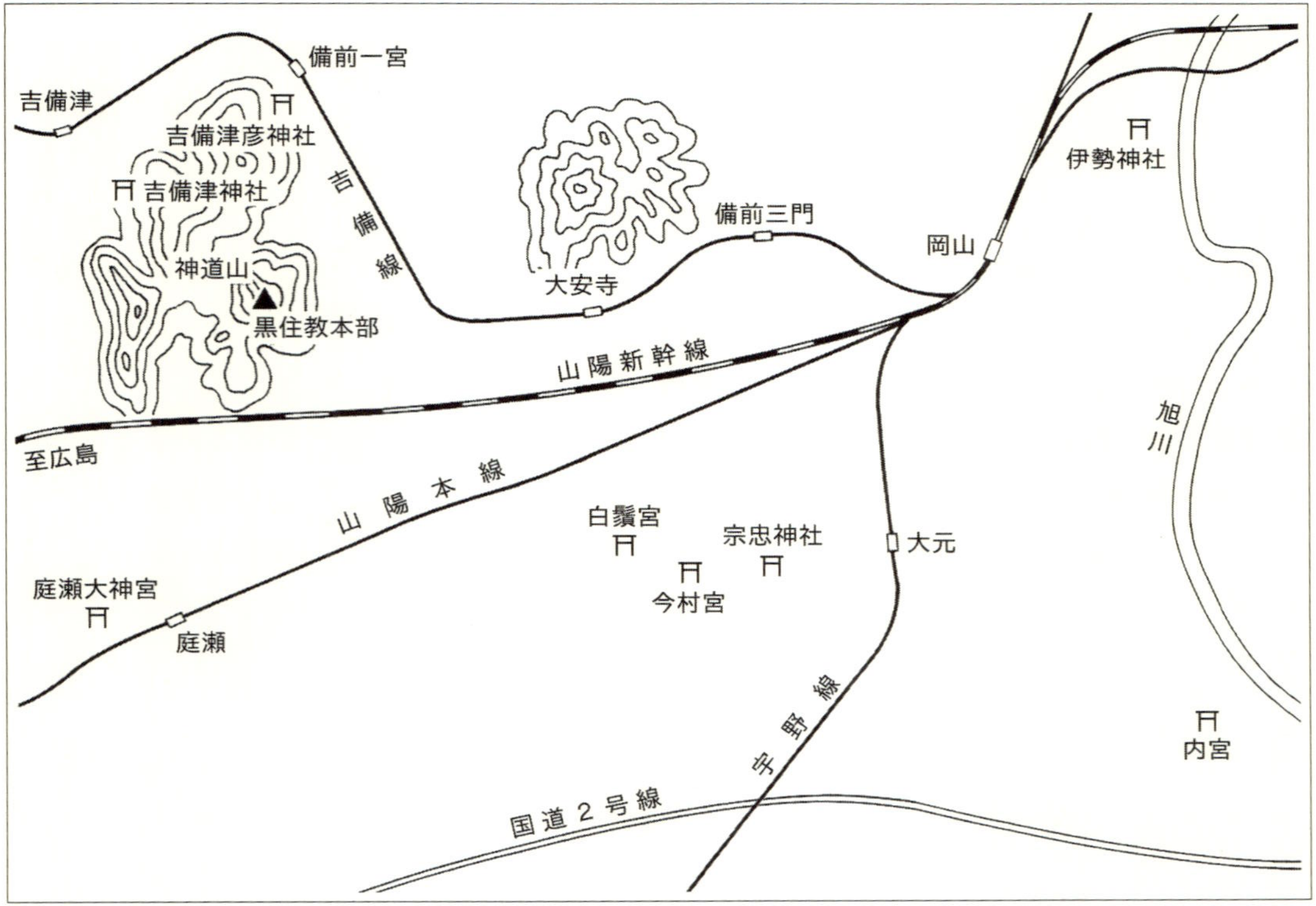
吉備津
備前一宮
吉備津彦神社
吉備津神社
吉備線
神道山
黒住教本部
備前三門
大安寺
岡山
伊勢神社
山陽新幹線
至広島
山陽本線
白鬚宮
宗忠神社
今村宮
大元
庭瀬大神宮
庭瀬
旭川
宇野線
国道2号線
内宮

岡山市の関連地図

おわりに

前著『太陽の神人　黒住宗忠』を上梓してから、一三年になります。おかげ様で、好評を博し、読者の皆さんからも「続編を出してほしい」という、うれしいご要望がありました。そこで、数年後、続編の原稿を書き始めました。

七、八割までは原稿ができあがりましたが、『太陽の神人　黒住宗忠』が著者渾身の書だっただけに、続編を書くとなると自分自身が納得できず、なかなか完成にいたりませんでした。そこで、自分の心境が高まった時点で原稿を完成させようと思い、最新心理学や新しい開運法を開発していく中で、折に触れて原稿を書き足しました。

たとえば、宗忠が説いた「心の神を大切にする」「ご分心」という思想は、心理学的には「自己信頼」になることがわかりました。「ご分心」は、古神道では一霊四魂といいます。心に宿る神性である一霊四魂は〈心の光源〉のような尊い存在です。

第3章で詳述していますが、幸せな人生は自分を信頼することから始まります。そして、自分を信頼し、大切にしている人は周囲の人たちも大切にするようになりますから、周囲から信頼され、自分の味方（サポーター）になってくれます。自己信頼を育てて、味方を増やしていけば、どんな困難が発生しても、「私は必ず困難を克服できる！」と確信して、積極的に対策を打つことができます。

また、自己信頼こそ「神・仏・先祖」の守護のご存在の大いなる加護と後押しをいただくコツです。同時に、宗忠の「神のご開運を祈る」ことは神と人間の相互信頼になります。このように、宗忠の思想を新しい「自己信頼開運法」という視点でとらえ直すことができました。そして、著者が五〇歳を過ぎてから、ようやく原稿が完成しました。

前著は平成八年の子（ね）年に上梓され、本書は一巡した丑（うし）年に出版の運びになりました。著者は子丑空亡（天中殺）です。空亡を乗り切る開運法の一つに、「地球や人類、社会の役に立つことを積極的に行い、徳を積む」という「積徳（せきとく）開運法」があります。

そこで、前回の空亡の時から、本格的に神社の鎮守の森への植樹の協賛運動や由来書、神具のご奉納などのボランティアを始めました。『太陽の神人　黒住宗忠』を上梓したことも積徳開運法になり、無事空亡を乗り切れました。本書の上梓も結果的に、著者の空亡を乗り切るための積徳開運法になりました。

さて、前回の空亡は四十代の厄年も重なり、さまざまなトラブルがありました。しかし、著者は「至誠、天に通ず」をモットーにして、さまざまな開運法を行い、「自分は必ず、厄年や空亡を乗り切ることができる」と信じて、乗り切りました。

いま考えますと、著者が厄年・空亡をはじめ、人生の困難を乗り越えてこられたのは、自分の〈志〉と一霊四魂を信頼したからです。そして、毎日「神・仏・先祖」のご開運を祈ることで、「守護のご存在は必ず守ってくださる」という信頼が深まりました。

著者は開運人間学講座で、厳しい時代を乗り切るコツとして、次のような自己信頼開運法の話をします。

「自己信頼とは、自分の〈心の光〉を観ることでもあります。自分の心の中に、一霊四魂という輝く灯台があります。外に光を求めるのではなく、自分の心の光を観て、その光を信じることです。そうすれば、必ず未来が開けます。

自分の心の光が強くなるほど、周囲（外なる環境）を明るくできます。自分の内なる光で、周囲の人たちを照らせるようになりましょう。

そのためにはまず、自分で自分の心を痛めないことです。心の神（一霊四魂、ご分心）を大切にして、笑顔と感謝をもって、自分と相手をねぎらい、認め、励まし、ほめることです。慢心を戒め、おかげ様の心で、向上心をもって生きましょう。これが、心の光のルクス〈光度〉を上げる方法です。そして、自己信頼を高めるために、自分や家族が開運し、豊かになるための技能・技術を身につけることです。

そうしていけば、どんな厳しい時代になっても、自信をもって人生を切り開いていくことができます。

わが〈心の中の光〉の光度を上げることで、外なる問題に光が差してきます。心の光を輝かせて、現実的問題に対応した時に、心の光が灯台になって、自分の行く道を照らしてくれるのです」

最後に出版の機会を与えてくださったたま出版と高橋清貴さん、貴重な資料・情報とお写真を提供してくださった黒住信彰先生をはじめ黒住教の皆さま、野田亜佑さん、織田雅裕さん、成冨ほほみさん、渡邊ユリカさんに深く感謝いたします。おかげ様で、ありがとうございました。

平成二一年（丑年）八月

山田雅晴

◎主な参考文献

参考にさせていただいた著・編者の皆さまに深く感謝いたします。

『孝明天皇と宗忠神社』真弓常忠著（京都神楽岡・宗忠神社）
『黒住教教典抄』黒住教教範編纂委員会編（黒住教日新社）
『おみちびき』黒住宗晴著（黒住教本部）
『黒住宗忠伝』延原大川著（龍宿山房）
『黒住宗忠』原敬吾著（吉川弘文館）
『黒住宗忠伝』牧巻次郎著（黒住宗忠伝発行所）
『基督教の観たる黒住教の真理』海老名弾正草案（黒住教研究資料一）
『日本書紀』坂本太郎・家永三郎・井上光貞・大野晋校注（岩波文庫）
『聖書』（日本聖書協会）
『英和対照新約聖書』日本聖書刊行会（いのちのことば社）
『近代日本霊異實録』笠井鎮夫著（山雅房）

『いやな気分よ　さようなら』デビッド・D・バーンズ著、野村総一郎・夏苅郁子・山岡功一・小池梨花・佐藤美奈子・林建郎訳（星和書店）
『自己評価の心理学』クリストフ・アンドレ&フランソワ・ルロール著、高野優訳（紀伊國屋書店）
『自信を育てる心理学』ナサニエル・ブランデン著、手塚郁恵訳（春秋社）
『心を読み解くユング心理学』船井哲夫著（ナツメ社）
『易経』丸山松幸訳（徳間書店）
『仏典を読む第1巻　ブッダの生涯』中村元著、前田專學監修（岩波書店）
『ブッダのことば』中村元訳（岩波文庫）
『人生と陽明学』安岡正篤著（ＰＨＰ文庫）
『熊沢蕃山―人物・事績・思想』宮崎道生著（新人物往来社）
『みんなで考えよう　世界を見る目が変わる50の事実』ジェシカ・ウィリアムズ著、酒井泰介訳（草思社）
『日本神人伝』不二龍彦著（学習研究社）
『「太陽」を解読する』坂田俊文著（情報センター出版局）

◎主な参考文献

『神道気学宝典』山本行隆著（たま出版）
『使える弁証法』田坂広志著（東洋経済新報社）
『一度も植民地になったことがない日本』デュラン・れい子著（講談社＋α新書）
『ローマ人の物語』塩野七生著（新潮文庫）
『新史・太閤記』司馬遼太郎著（新潮文庫）
『伝習録』安岡正篤著（明徳出版社）

〈著者紹介〉

山田 雅晴（やまだ まさはる）

神道教師、開運カウンセラー協会代表。有限会社メンタルサイエンス代表取締役。1957年生まれ、広島大学教育学部卒。古神道（こしんとう）の秘伝開運法を中心に東洋運命学、密教、ヨーガ、ユング心理学、認知心理学、自己評価心理学などを融合し、精神的にも経済的にも豊かな人生を味わうための総合開運学を実践・指導している。長年の神道思想の生理学的、心理学的研究を評価され、平成11年に米国・ホーソン大学より、Ph.D.（ドクター・オブ・フィロソフィー・イン・サイコロジー＝名誉心理学博士）を贈呈される。
著書に『太陽の神人　黒住宗忠』（たま出版）、『秘伝公開！　神社仏閣開運法』（たま出版）、『決定版神社開運法』（たま出版）、『足し算＆かけ算思考で、あなたの人生は変わる！』（メタモル出版）、『時霊（ときたま）からの警鐘』（コボリ出版）、『光の東京大結界』（コボリ出版）、『古神道のヨミガエリ』（徳間書店）、『バージョンアップ版古神道の行法と科学』（ＢＡＢジャパン）ほか多数。

有限会社メンタルサイエンス
TEL 03（5997）1015　FAX 03（3939）9770
山田雅晴公式サイト **http://www.yamada-masaharu.co.jp**

続・太陽の神人 黒住宗忠（くろずみむねただ） 神のご開運を祈る

2009年９月25日　初版第１刷発行

著　者　山田 雅晴
発行者　韮澤 潤一郎
発行所　株式会社 たま出版
〒160-0004　東京都新宿区四谷4-28-20
電話 03-5369-3051（代表）
http://tamabook.com
振　替 00130-5-94804
印刷所　株式会社エーヴィスシステムズ

乱丁・落丁本お取り替えいたします。

ISBN978-4-8127-0290-1 C0014